跨文化视域中的
外宣翻译研究

郑海霞/著

中国水利水电出版社
www.waterpub.com.cn
·北京·

内 容 提 要

　　本书以应用翻译学与跨文化交际学为切入点,在外宣翻译理论分析、跨文化视域中的外宣翻译问题认识以及跨文化视域中的外宣翻译实践分析的基础上撰写而成,是多年研究成果的结晶。

　　本书主要内容包括:外宣翻译概论;外宣翻译理论溯源;外宣翻译中的文化阐释;跨文化视域中外宣翻译的基本原则、外宣翻译的误译现象透析、外宣翻译的策略、外宣翻译中的译者与读者、外宣翻译实践等。

　　本书针对性强,结构安排合理,论述深入浅出,理论与实践紧密结合,以期梳理出跨文化视域中的外宣翻译的特点与规律性知识,促进我国外宣翻译能力的提高,推动我国外宣翻译研究的发展,是一本值得学习研究的著作。

图书在版编目(CIP)数据

跨文化视域中的外宣翻译研究 / 郑海霞著. —北京:
中国水利水电出版社,2017.6 (2024.8重印)
ISBN 978-7-5170-5457-3

Ⅰ.①跨…　Ⅱ.①郑…　Ⅲ.①中国对外政策－宣传工作－语言翻译－研究　Ⅳ.①H059

中国版本图书馆 CIP 数据核字(2017)第 131172 号

书　　名	跨文化视域中的外宣翻译研究　KUA WENHUA SHIYU ZHONG DE WAIXUAN FANYI YANJIU
作　　者	郑海霞　著
出版发行	中国水利水电出版社
	(北京市海淀区玉渊潭南路 1 号 D 座 100038)
	网址:www. waterpub. com. cn
	E-mail:sales@ waterpub. com. cn
	电话:(010)68367658(营销中心)
经　　售	北京科水图书销售中心(零售)
	电话:(010)88383994、63202643、68545874
	全国各地新华书店和相关出版物销售网点
排　　版	北京亚吉飞数码科技有限公司
印　　刷	三河市佳星印装有限公司
规　　格	170mm×240mm　16 开本　15.5 印张　201 千字
版　　次	2017 年 8 月第 1 版　2024 年 8 月第 4 次印刷
印　　数	0001—2000 册
定　　价	47.00 元

前　言

当今时代，随着经济与文化全球化进程的加快，国与国之间在政治、经济、外交等诸多领域开展了日益频繁的跨文化交际活动。作为他国了解本国窗口的对外宣传工作开始受到了全球各国的重视。随着改革开放的不断深入与扩展，中国融入全球化的程度逐渐加深。促进中国文化走出国门，扩大中国的国际影响力，进一步树立国际形象成为我国政治经济文化发展的战略任务之一。作为跨文化沟通与互相理解的桥梁和对外宣传的必由之路，翻译尤其是外宣翻译的作用越发凸显出来。外宣翻译是对外传播的重要手段，同时直接影响对外传播的效果。因此，研究外宣翻译对于中国文化的传播以及中国形象的树立具有重要的现实意义。此外，目前我国很多高等院校的英语专业、翻译学专业大多开设的是文学类翻译课程，包括外宣翻译在内的非文学类翻译课程的开设并不多见，学生接触的非文学翻译类文本自然比较少，不利于全球化背景下对精通某些专业又擅长翻译的复合型人才的培养。鉴于此，作者精心策划并撰写了《跨文化视域中的外宣翻译研究》一书，以期对我国的外宣翻译研究贡献一分绵薄之力。

本书共有八章内容。第一章作为开篇，对外宣翻译的相关知识进行了概述，内容涉及外宣翻译相关概念的梳理与界定、外宣翻译与其他文本翻译的差异以及外宣翻译的本质特点。第二章分别从中国国学视域与西方语言学视域出发对外宣翻译理论进行溯源和整合。由于文化是影响外宣翻译的一个重要因素，第三章对外宣翻译中的文化进行了阐释，主要内容包括文化的界定、文化与语言的关系、翻译的文化性透析以及外宣翻译中的文化因素解析。外宣翻译应依据一定的原则而展开，鉴于此，第四章重点探讨了跨文化视域中外宣翻译的基本原则,包括内外有别、外外有别原则;凸显核心、译有所为原则;经济达意、形神兼备原则;含而不露、把握政治原则。第五章对跨文化视域中外宣翻译的误译现象进行透析,先介绍了误译类型,然后对误译成因进行了解析。第六章主要研究了跨文化视域中外宣翻译的策略,具体从语言与文化两个层面展开论述。译者与读者是外宣翻译中的两个重要构成要素,第七章重点谈论了这两个要素,具体包括跨文化视域中外宣译者应具备的素质与跨文化视域中外宣翻译读者的心理探究两方面内容。第八章为跨文化视域中的外宣翻译实践,主要对旅游外宣翻译、典籍外宣翻译以及特色饮食外宣翻译加以阐释和说明。

总之,本书结构清晰,内容全面,既有相关理论的阐述,又有实践分析,实现了理论与实践的结合。书中提供了大量的经典外宣译例,便于读者的学习与掌握。希望本书可以帮助读者对外宣翻译形成一个整体的了解,从而提高外宣翻译能力。

本书在写作过程中为了夯实书稿内容,参阅了大量与外宣翻译相关的文献与资料,同时引用了很多专家与学者的观点。在此,谨表示最诚挚的谢意。在书的最后附以相关参考文献,如有遗漏,敬请谅解。

由于作者水平有限,书中难免有疏误,恳请同行专家及广大读者不吝指正。

作　者
2017 年 4 月

目　录

第一章 外宣翻译概论

在经济全球化和政治多极化的影响下,当今世界进入了信息快速传播化的时代。信息快速传播既包括对国际重大事件的传播,也包括对本国事务的宣传。可以说,对外宣传成了维护国家利益、推行对外政策的有效手段,在全球化浪潮中发挥着越来越重要的作用。翻译是跨文化交流和沟通的桥梁和必由之路,外宣翻译也就成为影响对外传播效果的关键因素之一。鉴于此,本章对外宣翻译的基本知识进行梳理,从而为下文章节的展开奠定基础。

第一节 外宣翻译相关概念的梳理与界定

对外宣翻译进行研究,首先需要明确其相关概念。准确把握概念是进行理论与具体分析的钥匙。

一、翻译概述

外宣翻译属于翻译的范畴,因此首先需要了解一下翻译的相关知识。

翻译是关于人类语言沟通与交流的活动,指的是通过借助语言符号进行文化的传播和思想的交流。在人类几千年的发展过程中,翻译扮演着文化传播的桥梁与媒介的作用。虽然翻译活动由来已久,但是对翻译下一个准确的定义却并非易事。

雅各布森(Roman Jacobson)将翻译分为符际翻译、语际翻译和语内翻译三类。符际翻译是指将一种语言翻译为另一种非语言的符号系统;语际翻译是指将一种语言翻译为另一种语言;语内翻译是指将一种语言中的符号翻译为该语言中的其他符号。

美国翻译理论家尤金·奈达(Eugene A. Nida)认为"翻译"是"从语义到文体用最贴切、最自然的对等语在译语中再现原语的信息。"

英国的卡特福德(J. C. Catford)认为"翻译"是"将一种语言的话语材料与另一种语言的话语材料进行等值的替换"。

我国学者胡庚申认为翻译是译者适应性选择翻译生态环境的过程。

通过上述学者的表述可以看出翻译过程与性质的复杂性。由于不同学者对翻译的研究角度不同,其定义方式也千差万别。因此,理解翻译需要从其本质上进行研究。综合来讲,可以从广义和狭义的角度对翻译的定义进行说明。

从广义上说,翻译指的是语言与语言、语言与非语言之间基本信息的传达和代码的转换。

从狭义角度来说,"翻译"是指用一种语言将另一种语言所表达的内容忠实地表达出来的语言活动。

综上所述,翻译指的是通过变更语言形式和语言障碍进行思想沟通与意义传达的语言转换活动。

二、对外宣传

(一)外宣的定义

由于研究角度的不同,外宣的定义也可以有不同的表述方式。

(1)从国际政治的角度来看,外宣带有很强的政治性和思想性,主要是政府、社会等主体对受众进行宣传,从而改变受众立场。

(2)从传播学的角度来看,外宣是一种国际性的传播活动。通过不同地域、不同文化、不同地区的对外传播来提升本国的国际了解度与认同度,最终塑造本国形象,提升本国国际影响力。

（二）外宣的目的

中国的外宣是传播而不是宣传。本书中的外宣研究主要针对的是我国，因此需要明确我国外宣的内涵。我国的对外宣传主要是通过介绍中国文化与政策来加深世界人民对中国的了解，从而增进友谊，开展互惠合作的活动。从这个意义上说，我国的对外宣传并没有改变受众对事物的观点，因此是一种传播，而不是宣传。

但是由于"外宣"是一种约定俗成的说法，因此我国的对外宣传指的是一般意义上的传播。

通过对外宣传，不同国家的人民可以了解我国的国情，进而为我国的现代化建设提供更好的国际条件。但是由于国际关系的复杂性，在进行外宣的过程中会受到很多因素的影响与制约，主要包括以下几点。

（1）文化对外宣的影响。文化背景是进行交际的重要前提，因此不论是在外宣活动还是外宣翻译时，都应该认识到文化差异对外宣活动的重要影响作用。

（2）语言对外宣的影响。语言是人类交际的重要工具，但是语言的不同会直接影响交际的进行。外宣活动的受众来自世界各地，不同的语言对外宣的顺利进行造成了很大的阻碍。翻译是语言之间的转换活动，但是将源语的内涵与文化含义准确地翻译为译语并为译入语读者所接受，是很困难的事情。

（3）文化偏见对外宣的影响。在历史发展的进程中，会形成一定的约定俗成的印象，这些对国家的固定印象也会在一定程度上影响外宣的顺利进行。

综上所述，由于外宣并不是易事，因此用科学、审慎的态度进行十分有必要。对外宣的相关原则、规律、特点、理论等的研究是提高外宣科学性和有效性的重要前提。

（三）外宣的内容

在进行外宣活动时，对外宣内容的设计十分有必要。我国进行外宣活动的主要工具是英文媒体,在内容上主要能够帮助外国受众了解中国的消息都可以作为宣传的题材,主要可以包括以下几个方面。

(1)国家大政方针,如经济、文化、政治、外交方面可以引起外国读者兴趣的消息。

(2)能够引起人类关注与共鸣的事情。

(3)社会知名人士的相关情况。

在进行外宣内容的设计时,需要在考虑外国读者价值观、思维观、兴趣、需求、信仰、心理、文化背景等方面进行内容的选择,需要做到外宣内容有针对性、适应性和接近性,从而扩大受众人群。除此之外,外宣对参与者的语言能力要求很高,需要相关人员具备文化沟通与交流的能力,对外宣内容起到"过滤器"的作用。

(四)外宣的意义

我国进行外宣从本质上是为了提高中国在国际上的认识度,使更多的外国受众愿意认识中国、了解中国。

我国历次全国对外宣传工作会议中都强调了我国外宣的任务是全面介绍中国,树立、维护中国的社会主义国家形象,为改革开放、现代化建设创造一个良好的国际舆论环境。由此可以看出外宣工作对我国社会主义现代化建设的重要影响作用。

随着我国综合国力的提高,外宣工作的地位愈加凸显。有效的外宣活动不仅能够为我国的经济、文化、政治发展创造良好的环境,同时还有助于中国大国形象的树立。

三、外宣翻译

我国在进行外宣活动时,主要是利用英文进行的。这些英文材料通过中文素材进行翻译转换,从而形成了外宣内容。翻译不仅是语言之间的转换,还涉及不同的文化、历史、思维、价值观等因素,这点在外宣翻译中也是如此。加之外宣活动的政治性和国家性,对外宣材料的翻译更要严肃、认真。

(一)外宣翻译的定义

从语言字面上看,外宣翻译(international publicity translation)指的是翻译对外宣传材料的活动,属于翻译的范畴,主要指的是"将中国社会生活中各方面的情况翻译成英文介绍给外国人,其主旨是让外国人更好地了解中国"①。

学者黄友义认为,"随着中国对外开放以及社会经济的全面发展,对外交流日益增多,我们需要把大量的中国信息从中文翻译成外文,通过图书、报纸、广播、网络、期刊、多媒体、国际会议等方式进行对外发表和传播,这就是外宣翻译。"②

学者曾利沙认为,"外宣翻译的共性特征在于传递以客观事实为主的'信息',注重对外宣传的社会效应,文字符号的美学意义或个性特征则处于从属地位。"③

综合上述学者的表述,可以对外宣翻译的定义进行以下几点解读。

(1)外宣翻译是中国走向世界的需要,也是世界了解中国的渠道。

(2)外宣翻译的内容涵盖反映中国当下社会生活各方面的重要资料。

(3)外宣翻译的渠道多种多样。

(4)外宣翻译是对外进行宣传和传播,其受众为外国民众。

由于外宣翻译材料的广泛性,加之外宣活动的特殊性,外宣翻译在实施过程中对译者有以下几个要求。

(1)要求译者具备强烈的政治性。外宣活动带有高度的政治性,这一点要求译者应该运用正确的立场和观念来分析原文内容,在实事求是的基础上进行辩证思维,从而正确处理原文和译

① 杨莉.浅议文化差异对外宣翻译的影响[J].吉林化工学院学报,2014,(6):70.
② 黄友义.坚持"外宣三贴近"原则,处理好外宣翻译中的难点问题[J].中国翻译,2004,(6):27.
③ 张健.外宣翻译导论[M].北京:国防工业出版社,2013:19.

文的形式。

（2）要求译者要灵活处理差异。在外宣活动的重要作用的前提下，外宣翻译的进行最好不要逐字逐句进行硬性处理，而需要根据译入语国家读者的思维习惯对原文进行适当加工，从而提高译文的有效性。

（二）外宣翻译的分类

外宣翻译根据不同的翻译标准可以有不同的分类形式。我国学者段连城认为，外宣翻译可以分为一般宣传材料的翻译和正式宣传材料的翻译。

（1）一般宣传材料的翻译主要包括我国政治、经济、文化、历史、社会等方面的对外宣传材料。

（2）正式宣传材料的翻译主要指的是官方文件的翻译，如首脑讲话、外事谈话、科技交流、法律文件等。

学者安新奎将外宣翻译分类为直接材料翻译和间接材料翻译两种。

（1）直接外宣材料的翻译主要指的是宣传者与外国受众近距离接触时语言的翻译。

（2）间接外宣材料的翻译指的是通过不同平台、媒体进行的外宣活动的翻译，如展销会、推广会、媒体宣传、报刊宣传等材料。

不论学者对外宣翻译的表述如何，在对其进行把握的过程中需要注意其主要特点。大体上说，外宣翻译就是对外宣传材料的翻译，其对我国经济、政治、文化等都有着重要影响。

从字面上对"外宣翻译"进行解读，可以看出"外"主要是指外宣翻译活动的目的地，"宣"则代表着外宣翻译活动的传播方式。外宣翻译通过"外宣"的方式与手段，达到政治、经济、文化、科技相交流的目的。除了上述外宣翻译的分类之外，还可以从广义和狭义的角度进行理解。

从广义的角度上分析，外宣翻译由于其翻译活动的广泛性，因此其内容包罗万象。从这个意义上说，外宣翻译指的是通过以翻译为媒介,宣传我国优秀民族成果,树立国际形象的活动方式。

从狭义的角度上分析,外宣翻译主要包括对各种媒体报道、政府文件公告、公式与等实用文体进行的翻译。从此意义上说,外宣翻译首先强调信息的准确传达,对语义信息的表达。大体上说,狭义的外宣翻译的主要文本类型有以下几种。

(1)政治文献翻译。

(2)新闻文本翻译。

(3)公示语翻译。

(4)信息资料翻译。

(5)汉语典籍翻译。

本书的外宣翻译研究主要是从大外宣翻译的视角进行,前文论述部分主要涉及政治外宣翻译、经济外宣翻译、文化外宣翻译等,在本书后文中会介绍一些外宣翻译实践,如旅游、典籍、特色文化外宣翻译。

四、相关概念

(一)宣传与传播

宣传(propaganda)与传播(communication)是常见的两种概念,二者在使用过程中有着一定的差异性。

1.宣传的定义

《中国大百科全书·新闻出版》(1990)对"宣传"的定义为,"运用各种符号传播一定的观念以影响人们的思想和行动的社会行为"①。

美国政治学者、宣传研究奠基人之一的哈罗德·拉斯韦尔(Harold Lasswell)对宣传下的定义为"从最广泛的含义来说,就

_____

① 中国大百科全书出版社编辑部.中国大百科全书·新闻出版[K].北京:中国大百科全书出版社,1990:376.

是以操纵表述来影响人们行动的技巧"①。

学者王纪平、王朋进、潘忠勇在结合时代背景和前人研究的基础上,将宣传定义为"传播者为了实现某个目的,通过传播媒介公开地传播信息符号对广大人群进行态度影响和意见控制的过程"②。

2.传播的定义

美国著名社会学家查尔斯·库利(Charles Cooley)在《社会组织》中认为,"传播指的是人与人关系赖以成立和发展的机制——包括一切精神象征及其在空间中得到传递、在时间上得到保存的手段。"③

我国学者张云若认为传播是"人类传递或交流信息的社会性行为"④。

3.二者的区分

"宣传"和"传播"在概念上有一定的相似性,甚至从学术的角度对二者进行分析,可以看出宣传也是传播的重要形式。对传播的研究同样有助于对宣传的研究,对宣传的研究是进行传播研究的重要组成部分。但是也需要指出的是,宣传带有一定的主观性,通过利用一定的方式来潜移默化地影响受众的思想、观点与态度。从这个意义上说,宣传既带有积极的色彩也包含消极的意味。

(二)内宣与外宣

从地域的角度对宣传进行分类,可以将其分为"内宣"与"外宣"两种形式。

---

① 转引自任金州.电视外宣策略与案例分析[M].北京:中国广播电视出版社,2003:3.
② 王纪平,王朋进,潘忠勇.如何赢得媒体宣传公共组织宣传操作指南[M].广州:南方日报出版社,2006:7-8.
③ 转引自毛峰.传播学概论[M].长沙:中南大学出版社,2006:7.
④ 张允若.对传播学几个基本概念的辨析[J].杭州大学学报,1998,(1):104.

内宣,顾名思义,指的是对内宣传,针对的是省、市、县、户等国内对象的宣传。

内宣和外宣有很大的差异性,主要体现在以下几点。

(1)语言的差异性。

(2)受众的差异性。受众不同,在宣传时就需要具体考虑不同的生活方式、价值观、思维方式等。

(3)反馈的差异性。内宣与外宣由于空间和时间上的不同,对于反馈也有一定的差异。

内宣存在的目的是促进社会主义现代化的建设,宣扬我国优秀的政策。而外宣是为了树立我国形象,从而为我国的改革开放与现代化建设营造良好的发展环境。

在时代的发展下,内宣与外宣的联系更加紧密。内宣成了外宣的基础,外宣是内宣的延伸。

(三)对外宣传与对外开放

对外宣传与对外开放也是一组常见的表述形式,二者相互依赖、相互促进。

从历史发展进程中考虑,外宣活动是在地区、国家发展之后的活动,其目的是进行沟通,实现互通有无。同时外宣活动能介绍本国文化和政策,宣扬自己的民族文化,积极谋求与其他国家的联系。对外开放指的是开放国门,提高经济开放程度,积极与外国建立经济交往。

可以说,对外宣传是进行对外开放的先导。只有外国受众了解中国国情,才能加强相互间在政治、经济、文化等方面的沟通与合作。同时,对外开放也为对外宣传带来了新的机遇与条件,促进了对外宣传的发展。

综上所述,对外宣传是我国对外开放的关键部分,在对外开放的总体布局中有着积极的促进作用,是对外开放的引路者和先锋者。对外宣传也是我国社会主义建设的重要环节,只有积极推进我国优秀文化与政策,才能更好地吸引外国受众的兴趣,最终提高我国经济和文化的发展与国际政治地位。

第二节 外宣翻译与其他文本翻译的差异

外宣翻译属于翻译的范畴,是为读者服务的,但是还带有自身的特殊性。大体来说,外宣翻译的特殊性包括以下两个方面。

(1)外宣翻译是从国家的高度看待问题,因此其材料内容需要传达的是中国思想与中国文化,同时还需要维护中国国家形象,以国家利益为重。

(2)从人类的角度对外宣翻译进行研究,需要重视其对世界文化沟通与交流的重要作用,以及正视其对人类文明发展的积极推动作用。

具体来说,翻译主要可以分为文学翻译和非文学翻译,下面通过表格对文学翻译与非文学翻译的区别进行总结,从而为下文外宣翻译与二者的差异分析打下基础,如表 1-1 所示。

表 1-1 文学翻译与非文学翻译的区别

翻译类别	文学翻译	非文学翻译
文本形式	小说、诗歌、散文、戏剧、典籍、报告文学等	广告、函电、说明书、合同、契据、公式语、时政、法律、旅游、科技、商务、影视、对外宣传材料
目标读者	文学爱好者	一般读者
理论体系	框架完整、思想权威、名家辈出	未成体系、少人问津、学术性弱;多数研究停留在随感式、经验性总结,缺乏宏观理论视野和微观剖析论证
翻译方法	语义翻译为主	交际翻译为主
文本特点	多样性、灵活性、艺术性	信息性、实效性、准确性、专业性和功能性

一、外宣翻译与文学翻译

文学翻译主要是对诗歌、小说、戏剧、散文、影视剧等语言的翻译，是一种艺术化的翻译。译者在进行文学翻译时，需要首先对原作思想、内容与风格进行把握，然后使用译语将文学语言再现，从而使译入语读者获得和源语读者大致相同的文学感受，了解原作的艺术风格与艺术形象。从本质上说，文学翻译主要对译者的文学修养与表现力有所要求。

外宣翻译与文学翻译都属于翻译的范畴，具备一般的翻译特征，都需要忠实、准确地传达原文的内容与信息。但是外宣翻译属于非文学翻译，注重知识性、逻辑性的信息。文学翻译则比较看重形象性、情感性、模糊性与不确定性。① 具体来说，外宣翻译与文学翻译的差异性主要表现在以下几个方面。

（1）篇章结构上，外宣翻译注重知识的可靠性与真实性，可以利用摘译、节译、编译等手法；文学翻译注重作品的艺术整体性，不能割裂作品的完整性和表达性。

（2）字句翻译上，外宣翻译的难点主要在于对概念、术语、范畴等的理解与把握，在译入语中找到对应词十分困难；文学翻译的难点是对原文民族文化信息的翻译。

（3）翻译方式上，外宣翻译对译者的科学思维、逻辑思维要求较高，需要其具备一定的专业知识，对专业术语、概念等的翻译十分熟知；文学翻译对译者的形象思维、情感思维要求较高，需要其有一定的文学素养和审美能力。

二、外宣翻译与非文学翻译

文学翻译指的是对文学作品的翻译，不仅需要将原文含义体现出来，同时还需要体现原作者的行文风格。非文学翻译，通俗来讲指的是实用类、文件型翻译，注重传达原文信息，带有应用面

---

① 王向远.翻译文学导论［M］.北京：北京师范大学出版社，2004：23.

广、实用性强的特点。从这个意义上说,外宣翻译是一种应用型翻译文本,属于非文学翻译的范畴,但是与非文学翻译的整体特点相比,外宣翻译又带有自身的特点,具体包括以下几个方面。

(一)语体形式不同

从语体形式上看,外宣翻译与非文学翻译的差异主要体现在以下几个方面。

1. 单向翻译

非文学翻译主要是双向翻译,既可以将中文译成英文,从而宣传我国的优秀作品,又可以将英文译成中文,扩充我国的作品资源。而外宣翻译由定义就决定了其单向翻译的特征,也就是需要将中文翻译成英文。译者需要在了解外国受众信息需求的基础上,对外宣材料进行核心信息的筛选与次要信息的排除来进行翻译。

2. 文体较正式

外宣翻译文本一般都较为正式,以政治外宣为例,其代表着我国的国家形象,翻译材料主要来自政府部门、企事业单位的重要信息,因此在文体上多较为正式。在传播途径上,外宣翻译也带有正式性的特点。

而非文学翻译根据不同的文体标准会有不同的翻译要求。例如,法律文书属于庄重文体、公共演讲属于正式文体等。

3. 应用类型翻译

外宣翻译属于一种应用型的翻译形式,强调对信息的准确传达,并不刻意追求文章的美学色彩与艺术色彩。同时外宣翻译十分强调表述的逻辑性、科学性与简洁性。针对政治文献外宣材料中的政治术语,译者需要进行详细解释,从而起到宣传我国形象、促进国际交流的作用。但是在非文学翻译中,一些同属于应用型文体的翻译并不需要对原文进行特别的解释说明,只需要客观、准确陈述原文内容即可。

4. 中国味道浓厚

政治文献外宣翻译主要是为了宣传我国的文化、树立我国的形象。因此,和一些非文学翻译相比,外宣翻译的中国味道浓厚,译文中经常会出现带有中国特色的表达方式。正是因为文章中中国语言文化的出现,也给译文带来了一定的难点,需要译者同时具备深厚的汉语语言能力和英语文化能力。

由于中国文化源远流长,因此语言中也有很多独特的表达形式,在外宣翻译中尤其需要注意这些关键文化词的翻译,从而提升译文质量。例如:

Baihuawen 白话文

Mr. Science 赛先生

Mr. Democracy 德先生

Imperial Examination 科举

People's Commune 人民公社

May Fourth Movement 五四运动

Two Hundred Policies 双百方针

Four Modernizations 四个现代化

Hanlin Imperial Academy 翰林院

5. 正向传达信息

外宣翻译是为了进行宣传,从而塑造鲜明的国家形象,吸引不同国家的注意,为中国的发展营造良好的国际环境。这一特殊性就要求外宣翻译在表达过程中要注意正向传达信息。

合格的外宣翻译人员需要有一定的政治敏感性,熟知我国的基本政策和对外活动原则,并具有积极维护国家形象的觉悟,时刻意识到自身的立场。在处理外宣文本时,译者也需要以正确的思想为导向,时刻关注文本的传播效果,以正向宣传我国的优秀文化和政策为根本出发点。

（二）译文标准不同

由于外宣翻译的特殊性,在对外宣文本进行检验时其译文标准也带有特殊性。

(1)外宣译文需要简洁、严谨,不用或者少用带有强烈主观性和感情色彩的表达。

(2)外宣翻译在进行过程中,需要考虑传播和宣传效果,并对不同国家的文化背景与意识形态进行考量,从而提高译文的科学性与影响性。

(3)外宣翻译要注重政治性,要注意维护国家形象和国家在政治、经济方面的利益。

非文学翻译根据不同的文体要求会有不同的翻译标准,需要译者具体问题具体分析。

（三）翻译目的不同

美国著名学者哈罗德·拉斯韦尔(Harold Lassewell)是传播学的先驱,他提出了著名的传播五要素模式,该模式存在于任何一种传播活动中,如图 1-1 所示。

图 1-1 传播五要素模式

外宣翻译和非文学翻译都是一种传播活动。受众对传播的接受程度体现出了不同文体的翻译质量。因此,外宣翻译成功与否的关键就在于其传播效果,译者需要从译入语读者的角度进行文章的审视与语言的选择,从而在把握文本本质目标的基础上达到翻译的目的。而非文学翻译带有实用性,其因不同的文本有着不同的翻译目的,从而调整措辞,促进译入语读者的吸收。

（四）目标受众不同

非文学翻译的受众十分广泛,并没有特定的群体。而外宣翻译的目标受众十分明确,主要是来自不同文化背景下的受众。

据此,在进行外宣翻译实践过程中,译者需要考虑译文在目标受众中的影响,并在语言上向使用外国读者能够接受的形式,根据具体的外宣材料调整语言,从而提高外宣翻译的传播性。例如,"国有企业历史遗留问题"中的"历史遗留"一词的意思是"很多年前的问题一直拖到了今天",且该问题目前还没有解决,依然存在,虽然 historic 或 historical 都可以表达"历史"这一含义,但这两个词指的都是过去的事情,因而将"历史遗留"翻译成 historical problems 是不合适的,应该使用一个可以表示"常年存在"的词汇来翻译,如用 long-standing,perennial,chronic 等来与 problems of/with state-owned enterprises 相搭配。

第三节　外宣翻译的本质特点

随着全球化的发展,世界各国的沟通与交流日益增多,但是这种状况的出现,也在无形中增加了外宣翻译的竞争性。如何在激烈的文化竞争中介绍中国博大精深的文化,并使外国受众了解、认识和感兴趣,成了众多外宣翻译人员的难题。

同时正是由于中国文化的博大精深,很多外国受众并不能全面认识我国文化,甚至会形成一定的文化定式与文化偏见,影响我国在国际上的良好形象。外宣翻译是提升我国国际形象与地位的重要方式与桥梁。

在世界多元文化激烈竞争的今天,必须加强外宣翻译,让中国走向世界,让世界了解中国。只有这样,才能更好地宣扬我国优秀的传统文化,纠正因不了解中国而造成的文化偏见问题。

外宣翻译绝对不是两种语言单纯的转换活动,在不断发展过程中,外宣翻译形成了自身的本质特点,主要包括外宣翻译作为应用翻译类型中的一种特殊形式,在发展过程中逐渐形成了自身的一些特点,下面就针对外宣翻译的上述特点展开探讨。

一、严肃性

严肃性指的是外宣翻译的语言应该符合其文体特点。当外宣材料涉及国家主权领土完整和国家独立等问题时,在翻译过程中要十分注意措辞的严肃性。

外宣活动带有本国的政治色彩,经常会涉及西方霸权主义和反华思想,译者需要具备一定的政治思想和维护祖国的意识进行外宣翻译。

外宣翻译的严肃性特点还要求译者要注意语言的政治口吻,把握用词的政治含义和政治分寸。这个特点对译者有着较高的要求,需要译者仔细推敲措辞。例如:

《中英关于香港问题的联合声明》中"联合王国政府声明:联合王国政府于 1997 年 7 月 1 日将香港交还给中华人民共和国。"

在上面这句话中,"交还"一词的翻译成了关键。由于香港一直属于中国的领土,对其拥有主权,在翻译时将"交还"翻译为 return,难以表现出香港一直为中国领土重要组成的事实,因此译者可以选用 restore 一词,表示出将香港主权还给其原属政府。

二、准确性

准确性也是外宣翻译的重要本质特点之一。由于中国历史悠久,语言在使用过程中带有很多民族色彩,将其进行英译时,译者需要时刻保证译文的准确性,防止译文误译现象的出现。要提高外宣翻译的准确性,需要注意以下几个问题。

(1)正确理解外宣翻译的内涵。

(2)正确理解原文含义。

(3)增加用词的规范性。

(4)考虑词汇之间的细微差别,注意词汇的口吻与分量。

例如,中国政府在推行国有企业改革时曾提出了反对"平均主义",对于这个词的翻译不宜使用英语中的 egalitarianism。原因是英语中的 egalitarianism 为褒义词,如采用这种翻译,西方读者会认为我国主张两极分化,因此可以译为 leveling-out。

三、灵活性

外宣翻译是一种传播活动,因此需要译者根据具体的翻译环境采用灵活性的翻译方式。

进行灵活的外宣翻译,需要译者重视政治色彩浓厚和有鲜明中国文化特点的词语,对句子的修辞进行分析。同时通过增删信息的形式,促进文化信息的传递和交际的顺利进行。例如,对于"一场没有硝烟的战争"的翻译,需要具体了解其文化内涵,不能将其直译为 a smokeless battle,而应灵活翻译为 invisible battle。

四、时代性

外宣翻译在本质上是为了进行国家形象宣传,促进我国国际形象的建立。翻译带有实效性,不同的时代,翻译所使用的语言和表达也不尽相同。外宣翻译,作为国家形象的重要媒介,更需要时刻关注世界动向,提升自己的时代性。

当前,中国汉译英的出版物每年只有 1 000 多种,但英译汉的出版物却高达上万种,全国从事翻译的工作人员粗略统计有上百万人,但取得翻译职称的仅有 6 万人,可见翻译人才的缺口是相当高的。事实上,中国的翻译人才中最缺乏的不是英译汉,而是汉译英,因为精通中国文化的外国人凤毛麟角,如果想要将中国的真实国情传播到国外,只能依靠中国人来进行翻译工作。但国内汉译英的人才本来就少,而出类拔萃者更是屈指可数。

这种翻译人才的缺失在一定程度上限制了我国外宣翻译的发展与提高。一名合格的外宣翻译工作者应该具有与时俱进的意识,保持积极进取的精神,夯实自身的翻译基本功。

同时,相关单位需要加强外宣翻译人才的培养,加大在人力、财力、物力方面的投入。增强外宣人才的本国文化素质和翻译素质,在时代的发展下培育出优秀的外宣人才。

我国的外宣翻译正处于高速发展阶段,出现了很多外宣媒体。例如:

《中国日报》(*China Daily*)

《北京周报》(*Beijing Review*)

《北京周末报》(*Beijing Weekend*)

《地球村月刊》(*Global Village Monthly*)

《国际交流》(*International Exchange*)

《中国对外贸易》(*China's Foreign Trade*)

《中国妇女》(*Women of China*)

《中国体育》(*China Sports*)

《中国银幕》(*China Screen*)

《中外文化交流》(*Sino-Foreign Cultural Exchange*)

《中国与非洲》(*China and Africa*)

《今日中国》(*China Today*)

《中国画报》(*China Pictorial*)

中国国际广播电台(*China Radio International*)

中央电视台英语新闻频道(*CCTV News*)

新华网(*Xinhua net*)

国际在线(*CRI Online*)

这些优秀的外宣媒体的存在,在一定程度上提升着我国外宣翻译的质量。同时,面对外国外宣行业的激烈竞争,这些外宣媒体还需要不断提升自己的国际竞争力,积极培养出更多、更优秀的外宣人才。

五、读者性

外宣翻译读者性,指的是外宣翻译应该以读者为中心,翻译的目的性明确,以译语受众为中心。

由于外宣翻译主要是进行宣传与传播,因此在翻译时需要考虑译语受众,满足其心理需求,让他们读懂并理解译文内容,进而有兴趣关注我国在相关方面的具体措施与行动。

但是,在文化背景差异的影响下,外宣翻译并不是易事。译者需要以译语读者为中心,在符合原意的基础上进行语言的加工。

例如,"吃大锅饭"是具有中国特色的一个词汇,国外受众对此并不熟悉,如果将其直接翻译为 eat rice from the same big pot,必然会因为文化差异而让国外读者不知所云。因此,对这类词需要翻译出引申义:get an equal share regardless of the work done, or be treated the same despite the differences in working attitude and contribution,即"不论工作好坏、贡献多少,生活待遇或报酬都一样",这样翻译的目的就是减少原文与译文之间的文化差异,更有利于国外受众准确理解。

除了一些具有中国文化色彩的词汇之外,在进行外宣翻译时对一些似是而非的词汇也需要尤其注意,从而避免因望文生义造成的误解。例如:

political campaign 意思是"竞选活动"而不是"政治运动"。

red power 意思是"印第安人权力"而不是"红色权力"。

half-shirt 意思是"露脐装"而不是"半件衬衣"。

boomerang children 意思是"啃老族"而不是"飞镖童"。

wardrobe malfunction 意思是"露出不该露的身体隐私部分",即"走光"而不是"衣柜失灵"。

street-walker 意思是"街头拉客的妓女"而不是"街上散步的人"。

综上所述,外宣翻译要"译有所为",时刻考虑译语读者的中心地位,通过翻译技巧与语言表达形式的转换来提高译文的宣传作用,最终完成外宣翻译的使命。译者充当的是文化之间的桥梁,一方面需要作为读者阅读外宣的中文材料,另一方面还需要将外宣材料中的相关内容以译入语读者接受的方式进行语言转换。

译者对本国外宣材料的理解度是否能够和译入语读者对外宣翻译的理解度大致相同,成了衡量译者能力和译文质量的重要标准。鉴于此,译者应该多多关注外文报刊、杂志上的相关外宣内容,注意其表达方式等特点,从而提高译文的可接受程度。

文化差异是外宣翻译过程中不可避免的问题之一。东西方文化之间的差异导致他们在看同一个新闻报道时会产生截然不同的理解和看法,如果外宣译者缺少文化意识,忽视材料中的文化背景知识,那么很有可能译出的文章与原作内容不符,甚至出现误解。

例如,"一个早春二月的日子"按照字面意思很有可能被翻译成 a day of February in early spring 或 an early spring day in February,然而英国的公立 2 月还处于冬季,如此翻译会让国外受众难以准确理解,为了避免文化误读,上述应翻译为 a day in early spring 或 an early spring day。

六、一致性

一致性也是外宣翻译的重要特点。由于外宣翻译中经常涉及党和政府制定的重大方针、政策,这些语言带有汉语文化中的庄重典雅的形式,符合汉语"以偶为佳"、"以四言为正"的语言特点。

在外宣翻译过程中经常出现这些言简意赅、顺口悦耳的表达形式,其使用能够有效表达出党和国家政策的准确性。在翻译这种外宣材料时,需要译者做到忠实性、严肃性、权威性和一致性。

一致性要求译者一旦确定标准的译文表达形式,便不能随意增补和变动,保证译文的前后一致。很多表达都体现出了外宣翻译的一致性。例如:

三个代表 Three Represents

一国两制 one country, two systems

标本兼治、综合治理 seek both temporary and permanent solutions; make comprehensive improvement

但是需要注意的是,外宣翻译的一致性并不是要求要固守成规、一成不变。译者可以根据我国对外宣传的宗旨和时代背景对译文进行一定的改动。但是这种改动是以提高译文质量为根本的,同时需要提高对外翻译的效果。

除了上述提到的外宣翻译的本质特点之外,在进行具体翻译过程中,译者还需要注意以下几点。

(1)译者要注意适应性,做到双向适应,从而既准确理解外宣原文的内涵,又能准确用译语将其传达出来。

(2)译者要注意选择性,英汉两种语言都带有语义丰富的特点,由于语言的特殊性,在翻译过程中可能出现多种对应方式,译者需要有意识地选择最切合原文的表达。

(3)译者要注意社会性,外宣活动并不是孤立的、个体的语言转换活动,而是在社会中、群体中发生作用的形式。因此,在对译文进行锤炼的过程中,译者需要注意其社会性。

第二章　外宣翻译理论溯源

随着中国经济的快速发展以及国际地位的提升,外宣翻译在提升国家良好形象这一过程中的作用越来越大。如何将悠久灿烂的华夏文明、改革开放的伟大成果介绍给国外,已经成为每一位优秀译者义不容辞的责任。对于整个国家而言,外宣翻译质量的高低将直接影响到中国在国际社会中的形象。因此,外宣翻译已经成为当前具有重大实践意义的课题,十分有必要对其翻译开展的理论基础进行研究。为此,本章就来探讨外宣翻译的相关理论。

第一节　中国国学视域下的外宣翻译理论

国学与外宣翻译具有十分密切的关系。首先,国学得以传承、发扬的载体是汉字,而外宣翻译正是针对汉字写成的文本所展开的翻译,从而将中国五千年的灿烂文明、最新成就用另一种语言表达出来。从内容上来看,外宣翻译是中西方思想的交融、碰撞;从形式上来看,外宣翻译是汉语的汉字与西语的字母之间展开的吸收、借鉴、冲突等。因此,在一定程度上可以认为国学是外宣翻译的根基。

随着我国外宣翻译工作的范围不断扩大,迫切需要形成具有中国鲜明特色的外宣翻译理论来指导外宣翻译实践的复杂工作,以提升中国在国际上的文化影响力、感召力、亲和力等。从本质上而言,外宣翻译属于翻译的一种,其实践过程同样需要遵循翻译的基本理论。中国翻译实践的历史十分悠久,各个时期的著名翻译家、学者都总结了很多典型的翻译标准、原则,这些内容逐渐形成了当前中国翻译界的理论体系。

一、国学视域下外宣翻译的理论溯源：跨文化传播理论解读

随着世界上不同国家、民族之间交往的日益频繁，再加上现代信息传播技术的飞速发展，使得全球不同文化间形成了一种空前的传播和融合。

纵观中西方历史演变与发展可以发现，两种文化发展史中都或多或少地存在着跨文化传播现象，同时在中西方研究学者们的总结之下也形成了相应的跨文化传播理论。这里从国学视域下来研究跨文化传播，是将中国的文化精髓——国学与跨文化传播理论相结合，深入分析和探讨我国外宣过程中所应该坚持的理论指导内容。

（一）跨文化传播

1. 跨文化传播的概念

所谓跨文化传播（Intercultural communication），即不同国家、民族、地区之间开展的频繁的文化、信息接触与交流的现象，这种现象的特点是所参与的个体、组织、群体所具有的文化背景不同。[①]

作为人类传播活动的组成部分之一，跨文化传播与多种文化信息的横向流动密切相关，其中最主要的形式就是拥有不同文化背景的人所进行的人际交往、文化渗透、文化扩散、文化迁移等。可见，跨文化传播与人类的社会生活密切相关。从本质上来看，跨文化传播还在一定程度上维系着社会结构、系统之间保持一种动态的平衡，同时促进整个社会的协调发展。

在跨文化传播的过程中，地球上多样的文化之间彼此融合、碰撞、交流，共同促进着人类文明的进步。大致而言，人类的跨文

---

① 李成洪.英语教学与跨文化传播[M].沈阳:东北大学出版社,2013:27.

化传播主要经历了以下四个阶段。

（1）通过口语进行传播的阶段。

（2）通过文字进行传播的阶段。

（3）通过印刷进行传播的阶段。

（4）通过电子设备进行传播的阶段。

显然，当前我们正处于第四阶段。该阶段的跨文化传播已经不再受到时间、空间、距离、速度等因素的限制，信息可通过影像、声音等形式进行保存，使人类的文化信息可以更加形象、直观地传播下去。

为了对跨文化传播有一个明确的了解，这里就对跨文化传播与文化传播的区别进行分析。二者的区别如下所述。

（1）跨文化传播属于一种方法论研究，即针对两个或多个文化背景下的个体、群体之间进行沟通、交流、交际所可能出现的问题，以及解决问题的措施、方法等。

（2）文化传播的对象与跨文化传播不同。文化传播主要是对一种文化进行扩散，同时针对扩散的时间、结果、轨迹等现象展开分析与研究。

（3）跨文化传播是一种有目的的文化传播，而文化传播既可以是有目的的，也可以是自然流变的。

（4）从学科角度而言，跨文化传播属于传播学研究的范畴，而文化传播则属于社会学与文学历史的研究领域。

2.跨文化传播的历史与作用

跨文化传播具有十分悠久的历史，下面就通过一些简单事例来了解中西方跨文化传播的历史。

（1）公元前 18 世纪，古巴比伦王国所颁布的《汉谟拉比法典》中就涉及国外奴婢购买情况的规定。

（2）在中国古代历史上，典型的跨文化传播活动包括徐福东渡、甘英出使大秦、郑和下西洋等。距今大约 600 年之前，郑和带领自己的船队进行了七次海上探险，途经了南中国海、印度洋等海域,最远曾到达阿拉伯半岛、非洲东海岸地区。

(3)西方探险家迪亚士、达伽马、哥伦布等人从欧洲出发,经历的地区、国家、大洋更多,开启了世界上地理大发现的伟大时代,大大促进了海外贸易、殖民侵略等现象的出现。

(4)随着人类跨文化传播行为的日益增多,开始有学者、实践者研究这一现象。20世纪50年代,爱德华·霍尔作为系统研究跨文化传播活动的第一人被载入史册。

(5)当前社会,网络、多媒体技术的普及更加促进了跨文化传播的繁荣发展。通过网络、手机等通信工具,人们可以随时随地获取全球各地出现的最新信息,还可以与世界任何一个国家、地区的人进行即时对话、沟通。在此时期,人们对于信息的接收不再处于被动地位,而是可以通过网络主动选择、传播信息。这充分体现出人类已经进入了高度信息化的时代,也体现出人类对大自然的征服与改造。

纵观人类文明的发展史,跨文化传播在此过程中发挥着不可或缺的重要作用。具体而言,跨文化传播的作用体现在如下几个方面。

(1)推动了人类社会、文化、文明的发展与变迁。

(2)跨文化传播将不同地区、民族、国家的文化融合在一起,逐渐实现了文化的全球化、一体化。

(3)人类社会文化、文明中的各项成果都离不开跨文化传播的作用。例如,火药最早是由中国发明的,随后传入西方国家,他们在火药的基础上创造出了更加威力无穷的武器。

(二)跨文化传播与外宣翻译

在我国,学者吕俊(1997)是最早从信息传播角度来研究翻译理论的。他认为翻译是一种跨语言、文化的信息交流活动。翻译的本质是传播,不管是笔译、口译、文学作品或科技文体的翻译,它们从本质上而言都是一种信息的传播。外宣翻译作为一种跨语言、跨地域、跨文化的信息对外传播活动,其根本任务就是传播信息。

正如学者葛校琴(2009)指出,当人们谈及对外宣传时,就可以赋予外宣"对外传播"、"文化输出"的内涵了。因此,从跨文化传播学角度来研究外宣翻译,更加有利于外宣译者明确外宣翻译过程中信息传播的效果机制,在翻译过程中有针对性地运用多种翻译手法来减少不利因素的干扰,为国外受众创造一篇易于接受的外宣译文,提高外宣的实际作用与价值。

从跨文化传播角度来看,原文是信息传播的源点,译者作为媒介,其主要任务就是将原文的思想内容转换为目的语的语言,然后传播给目的语受众。外宣翻译中的信息内容包括言语信息、副语言信息、超语言信息。言语信息是外宣内容的主体,副语言信息与超语言信息同样不可忽视。副语言指的是外宣文章中的错别字、字体、标准语的使用等;而超语言因素则指的是外宣出版物的类型、版式、封面设计、装订、纸张等,这些都会对外宣受众产生或大或小的影响。例如,国内一家饭店的菜单将"螃蟹"(crab)译成了 crap(大便,屎);某公司的"包装车间"(packing lot)被翻译成 parking lot(停车)。这些错误不仅影响了企业本身的形象,更影响了整个中国的形象。

总之,对于我国的外宣翻译而言,非常重要的一个任务就是传播中国的各种信息,让西方受众了解、熟悉中国社会与文化。因此,跨文化传播理论下的外宣翻译就是从文化传播的角度研究如何发挥外宣翻译在传播中国文化进程中的作用,加强中国文化与其他文化之间的沟通与交流,促进世界多元文化的融合。

二、国学视域下外宣翻译理论溯源:生态翻译理论解读

对于我国的翻译而言,大多数都是将外文翻译成中文,而将中文翻译成外文的情况比较少,这导致中国的文化无法有效传播到西方国家,得不到他们的真正认可。对此,我国清华大学著名教授胡庚申(2013)提出了生态翻译学,即主要从生态学的视角入手来研究翻译。下面首先来了解什么是生态翻译,然后对外宣翻

译的生态理论进行解读。

(一)生态翻译理论

胡庚申(2013)教授认为,"翻译是以译者为中心的,翻译过程是译者对以原文为典型要件的翻译生态环境的'适应'和以译者为典型要件的翻译生态环境对译文的'选择。'"①源语和译语中所呈现的语言、文化、社会、交际、作者、读者等作为一个整体,形成一种翻译的生态环境。在这种环境中有很多因素在影响和制约着译者最优化的选择,而这些影响因素同时又是译者进行多维度选择和适应的依据。根据这一观点可知,生态翻译的本质是以"译者为中心"的适应与选择的过程,是"译有所为"、"译有异为"、"译有可为"。

1. 译有所为

翻译是世界各国人民相互沟通和交流的产物,其本质就是为人类之间进行沟通减少语言文字方面的障碍,促进不同国家、地区、民族和不同文化背景下人们之间的融合。在翻译过程中,译有所为主要表现在两个方面:首先,在翻译时译者进行智力方面的劳动,加入自己的创造性内容。其次,译文为目的语读者服务、促进精神文明发展、推动社会进步所产生的效能。

2. 译有异为

翻译是一项具有针对性、时效性的工作,主要针对世界上的各个国家、地区进行译文的翻译,翻译的主要对象就是中西方的历史文化,从而让世界文化精华得以传播和保存。以中国文化为例,只有将中国文化翻译并传播到西方,才能让西方人及时、准确、全面、真实地了解中国,从而减少西方人眼中中国国度的神秘色彩。

---

① 刘雅峰.译者的适应与选择:外宣翻译过程研究[M].北京:人民出版社,2010:47-48.

3.译有可为

从 19 世纪末期至今,中国的翻译人才通过大量翻译西方社会的著作、学术、技术等内容,将西方社会的经济、科技、文化思想带入中国,在很大程度上促进了中国社会的现代化进程,这是毋庸置疑的。那么,在当前全球化发展的大背景下,我们更应该向世界介绍中国的文化,中国的华夏文明不仅属于中国,同样属于世界,应该为世界文明的发展做出自己的贡献。可见,向世界推介中国文化,让中国文化融入世界文化是中国新时代的重要命题,也是翻译工作者的历史使命。简言之,"译有可为"即译者要以传播中国文化为己任。

在这一翻译理论系统中,胡庚申提出了翻译适应选择论的翻译原则,即多维度适应与适应性选择。"三维"转换被认为是适应选择论的翻译方法。那么三维具体指的是什么呢?即语言维、文化维、交际维三个方面。翻译适应选择论就是在多维度适应与适应性选择的原则指导下,将集中在语言维、文化维、交际维间的信息进行选择与转换。

通常而言,一篇译文的多维度适应和适应性选择程度越高,其整合适应选择度就越高。所谓整合适应选择度,"是指译者产生译文时在语言维、文化维和交际维等'多维度适应'的程度和继而依此、并照顾到其他翻译生态环境因素的'适应性选择'程度的总和。"[①]对于翻译而言,译者和译作都是一种适者生存。也就是说,适合的译者就会得到发展,适合的译作就会在目标受众中达到一定的效果。

综上可知,翻译适应选择论提升了译者的主体地位,确立了译者的中心地位和主导作用。文化一体化是所有翻译的出发点和归结,只有顺应了文化的大环境,才能使翻译存在下去。译者在文化全球化背景下的整合选择度将决定着翻译的成败与否,同

---

① 刘雅峰.译者的适应与选择:外宣翻译过程研究[M].北京:人民出版社,2010:47—48.

样译者的中心地位和主导作用在翻译的过程中也是不可忽视的重要方面。

（二）生态翻译理论与外宣翻译

我国学者刘雅峰从生态这一角度入手，研究了外宣翻译理论的内容。他提出外宣翻译的过程是译者为中心的自我适应和选择的过程，其中适应指的是译者对外宣翻译生态环境的适应，而选择指的是适应了外宣翻译生态环境之后译者所做出的选择。如果译者不能适应外宣翻译的生态环境，那么他的译作必定存在问题。对于译者而言，其适应与选择是有意识的一种行为，与意识程度成正比关系。

在文化全球化的大背景下，外宣翻译要求译者必须适应文化全球化的翻译生态环境，选择翻译方法，最终产出高品质的译文。因此，生态理论指导下的外宣翻译可以减少翻译实践过程中的盲目性，提高外宣译文在目的语文化中的适应性，还可以更好地为目的语读者所接受。可见，外宣翻译的生态理论有助于顺利达成外宣的效果，从而推动外宣翻译学科的发展。

生态翻译作为一种翻译实践方式，目的是实现不同语言、文化之间交流上的一种平衡。在外宣翻译实践过程中，译者翻译选择适应的方法可简略为"三维转换"，即针对语言维、文化维、交际维之间的适应性选择与转换过程。下面对此展开具体分析。

1.语言维的选择转换法

对于语言维的选择转换法，通常要求译者从源语角度考虑，不能机械地死译、硬译，而是需要根据源语的规范、习惯等着手进行，从而真正实现源语字面意思的传达。例如，"和平演变"对于中国人而言并不陌生且很容易理解，该词的意思是"利用经济、文化、意识和其他非暴力手段把社会主义国家演变成资本主义国家"，如果仅依照字面意思将该词翻译成 peaceful evolution，则会引起反面效果，因为 peaceful evolution 在国外的使用频率非常低,并不是所有国外读者都可以很好地把握该词的真正含义。因此,为了避免这种情况的出现,译者在翻译类似"和平演变"这类国外受众不是特别熟悉的词汇时要加上注释,补充说明其背景知识,从而提高译文的清晰度,故可以在 peaceful evolution 后加上 toward capitalism 等词汇。

可见,翻译是一门进行再创造的艺术,这要求译者在与原文内容统一的基础上进行创造性翻译,用译者的认知和思维创造性地将原文转变成易于目的语读者接受的译文形式。

2. 文化维的选择转换法

文化维的选择转换要求译者在翻译过程中具备一定的文化意识,充分认识到外宣翻译是一种跨文化、跨语言的沟通,这一过程中需要克服各种文化因素导致的障碍,从而保证交际的顺利进行。例如,politician 和 statesman 这两个单词在国外的媒体中出现的频率很高,了解西方文化的人都知道 politician 含有贬义,指的是"为谋取个人私利而搞政治、耍手腕的人"。因此,在中国报道中经常出现的"政治家"一词应该翻译为 statesman 而不是 politician,因为中国的政治家通常指的是善于管理国家的明智人士或威望颇高的政府官员,不能使用含有贬义色彩的词汇来形容。

综上可知,只有在理解文化差异、把握文化背景的前提下才能做好翻译工作。在外宣翻译过程中,任何对原文的误解都会曲解或误解原作者的意图,最终导致翻译的失败。

3. 交际维的选择转换法

交际维的选择转换要求译者不仅要考虑到语言信息、文化内涵,同时还需要把重点放在交际这一层面上,力求实现源语的交际意图。

例如,我们经常提及的"两岸"一词,通常指的是台湾海峡和内地两岸关系,如果在翻译时不补充"台湾海峡",那么国外读者就很可能不知道"两岸"到底指的是何处地方。因此,在翻译"发展两岸关系,推进祖国和平统一进程"时,要将其翻译为 develop relations between the two sides of the Taiwan Straits and promote the peaceful reunification of the motherland。

综上所述,在外宣翻译过程中译者要考虑到生态翻译的环境因素,对原文中的语言、结构、文化、意识形态等进行选择与适应,合理保留或删除,做好"三维转换",注重译文的交际性、适用性。

第二节 西方语言学视域下的外宣翻译理论溯源

在西方翻译界,有很多学者的翻译观点都与外宣翻译理论的宗旨相接近。下面就来详细探讨西方语言学视域下的外宣翻译理论溯源,涉及应用翻译的语用研究视角、卡特福德的翻译等值论及转换论、哈提姆与梅森的语境分析模式。

一、应用翻译的语用研究视角

随着翻译学科的发展,对翻译理论的研究逐渐深入,翻译研究的范围得到了扩大,在现代语言学研究,尤其是语用研究的影响下,翻译向着多学科研究的方向进行,语用翻译逐步成了翻译研究的热点。

语用学与翻译的结合可以说是传统翻译学困境和现代语用学勃兴的产物。对于语用学与翻译的研究,主要以语用学作为理论基础,将语用学的各种理论运用到具体的实践过程中。语用学与翻译研究的结合实现了真正意义上理论与实践的结合,对翻译理论研究和实践具有重要的影响作用。

传统的翻译学注重对于理论的研究,试图建立一种理论框架来概括社会中的语言现象。但由于人类语言带有复杂性,这种理论的建立必然带有一定的牵强性。同时,翻译是人类社会进行交往的实践活动,这种交际过程并不是在特定的语言理论中进行的,因此单一的翻译理论无法概括语言的使用差异性。

德国哲学家卡尔-奥托·阿佩尔（Karl-Otto Apel,1922）曾经提出,"在分析哲学的发展进程中,科学哲学的兴趣重点逐渐从句法学转移到语义学,进而转移到语用学"。这个观点也说明了语言研究向着生活世界回归的重要性。翻译在本质上是一种语言交际活动,因此翻译与语用是紧密相关的。没有语用理论的指导,翻译理论研究和实践中的很多问题如言外之意等无法合理解释。随着语用研究的发展,很多学者意识到只有将语用学与翻译进行结合,合理吸纳语用学相关理论,拓展翻译研究的内容和界面,才能进一步推进翻译研究的进程,使翻译研究回归到正常轨道。

（一）语用翻译思想

从中外翻译理论的历史来看,国内外许多翻译家对翻译研究进行了深层次的探索,并分成了不同的翻译思想流派。在西方,这些思想流派对翻译研究带来了深远的影响,其中有很多学者的观点和看法至今对翻译实践都产生着重要的指导意义。这些学者中最突出的主要有以下几位。

美国著名的翻译家、语言学家、翻译理论家尤金·奈达（Eugene A. Nida）将当代的翻译理论划分为语文学派、交际学派、语言学派、社会符号学派四个基本的派别。这四种派别在理论研究上有各自的着重点。另一位翻译理论家根茨勒（Gentzler,E.）在他的名著《当代翻译理论》（Contemporary Translation Theories, 2004）一书中,将翻译思想作为标准,以翻译的功能与目的作为根据,将当代翻译理论划分为多种流派,如早期翻译研究流派、解构主义研究流派、翻译科学流派等,并且它还详细地探讨了各个流派的理论与观点。

我国著名的翻译家、翻译理论研究学者谭载喜将西方的翻译理论划分为布拉格学派、伦敦学派、结构主义学派、交际学派、文艺学派这五大学派。总之,在中外翻译理论研究历史上,各个理论呈现出多元化、多学科的色彩,其主要表现如下。

（1）各个流派的研究各有侧重，并相互补充。

（2）各个流派的理论研究角度存在差异，但是这些差异并没有影响其与其他学科成果的相互作用。

（3）翻译理论家从各个角度出发对翻译研究的发展轨迹做了清晰的刻画，并将研究范式是如何演进与转化、如何替代与交锋明确地呈现出来。

（4）研究视角不仅在不断扩展，也在不断发生转移。

（5）研究思路和研究手法都得到了改进与更新。

而在这些研究中，有些学者将翻译理论与语言学相结合，这极大地促进了翻译理论研究的发展，其最早可以追溯到1940—1950年。近年来，从语言学视角进行翻译理论研究虽然遭受了一些批评，但是并没有影响其向前发展。语用学翻译研究是语言学翻译研究的一大延伸。但是与根茨勒的"科学派"存在很大的差异。在西方的翻译历史中，语言学派对洪堡特（Wilhelm von Humboldt）、施莱尔马赫（Friedrich Schleiermacher）等人的语言学翻译观进行了批判性的继承。而结构主义语言学派将翻译理论与语法、语义相结合，从语言运用的角度来探讨翻译，认为翻译的目的主要是能够从词汇结构、语法结构这两个层面来实现两种语言的语义对等，这使得翻译研究深入到词汇、句法的层面。

从发展时期来说，西方翻译理论与语言学几乎是同步的，同时语言学理论的发展也为翻译理论研究注入了新元素，成为其新的研究途径。尤其是随着索绪尔的普遍语言学的兴起，韩礼德的系统功能语法、乔姆斯基的转换生成语法为语言学翻译观研究提供了重要依据。翻译学家、语言学家从应用语言学、社会符号学、描写语言学、话语语言学等语言学的角度对翻译的相关问题进行了分析，试图运用语言学的理论来解决翻译的实际问题。他们将着重点放在翻译的单位（即音素、词素、词、句子等）上，认为语言翻译层面的问题需要运用语言间的等值方法来加以解决。但是这也存在着明显的缺陷，即只将着重点置于词汇与句子上，而忽视了语篇语言学的翻译。

但是语言学家与翻译学家的意图也存在分歧。在语言学家的眼中,他们的意图是各自的语言学理论能否在翻译学领域得到检验,并认为翻译现象无论是对于哲学来说,还是对于语言学来说都是一种极大的挑战。这一理论的代表学者有弗斯(Firth)、韩礼德等。而在翻译学家的眼中,他们更加关心的是语言学理论能否促进翻译研究的持续发展,这一类的代表学者有奈达、威尔斯(Wilss)、豪斯(House)等。随着时代的不断发展,后期的语言学家也开始注重译者的跨文化能力,即他们的发展方向开始倾向于文化翻译研究,并将社会语言学理论也纳入了翻译理论的研究之中。

到目前为止,语言学领域的翻译研究已经逐步趋于成熟。这主要有两方面的原因:一是自然发展的结果,即现代语言学的领域在逐步扩大,不仅将语言看作一个抽象的符号系统,而且已经延伸到对语言的实际应用;二是得益于一些批评意见,尤其是非语言学研究途径的翻译学者提出的。

翻译研究家莫娜贝克(Baker. M)认为,语言学领域的翻译研究并不是完美无缺的,它存在着某些局限性,但是这些都在随着时代的发展而不断改进。受当前跨文化的影响,如果非要涉及清晰的理论途径的话,那么语言学途径应该是首选途径,也将会是最具成效的。对于这一问题,莫娜贝克给予了解释,她认为“只要开始任何翻译研究,起码要从某一层面的语言分析入手,而且大部分的翻译研究都离不开这一步。”①这也是导致翻译语言学途径灵活的原因,但是语用学翻译研究恰好可以对这一问题进行弥补,并且将各个因素进行平衡,最终使得翻译研究向动态的、理性交往的语用解释性层面转化。另外,语用翻译研究也将翻译研究归结于翻译本质的回归、翻译交往的过程、语言的价值研究、语言使用的本质等层面。

总之,建立于理性交往层面上的语用翻译研究不仅可以对复

---

① 曾文雄.语用学翻译研究[M].武汉:武汉大学出版社,2007:32—33.

杂的翻译理论进行解释,也可以为翻译学的重新建构提供一定的依据。

(二)关联理论与翻译

关联论(relevance theory)认为,人类的认知是以关联为基础的,人们总是尽可能地以最小的信息加工获得最大的信息关联。因此,正常情况下,听话人总是只关注那些有关联的信息,即那些不需要付出太多认知努力就能够丰富自己语境假设的信息。从本质上来看,翻译是"译者在源语认知语境与目的语认知语境之间寻求最佳关联性的过程"①。

1. 关联理论的起源

关联理论是斯珀伯(Dan Sperber)和威尔逊(Deirdre Wilson)(1986)在《关联性:交际与认知》一书中提出的。他们认为,关联理论的主要观点包括如下两个方面。

(1)交际的目的在于改变听话人的认知环境,而不是让听话人对说话人的思想进行复制;交际的过程是对说话人和听话人双方共有的认知环境进行改变的过程;共有认知环境对交际是否成功有决定作用。

(2)交际是明示—推理的过程,理解话语就是使话语的关联性得以再现。

2. 关联理论的核心内容

关联理论的核心内容就是从认知的角度来研究语用学现象。所谓关联,就是要求言语内容与特定的语境建立起某种联系,而且关联性的范围大小受语境效果的制约。可见,关联性可以被看作认知与语境之间的斗争。关联理论就是要保证认知与语境之间的平衡。另外,关联理论还包含两大原则,即认知关联原则和

---

① 莫爱屏.语用与翻译[M].北京:高等教育出版社,2012:150.

交际关联原则。

（1）认知关联原则

认知关联原则是第一原则，即追求人类认知的最大关联性。而这种最大关联就是要求听话人经过非常小的努力就可以理解话语，从而获得最大的语境效果。这一原则将"关联"定义为认知的输入过程，可以是知觉的输入也可以是推理的输入，两种输入过程通过合理加工，从而获取最大的关联积累。

（2）交际关联原则

交际关联原则是第二原则，即追求交际行为的最佳关联性。而最佳关联就是要求听话人付出一定有效的推理努力之后就可以理解话语，而且获得了足够的语境效果。可见，最佳关联需要满足两个条件：听话人能够注意到话语的语境效果；听话人付出足够的推理努力。

需要注意的是，两个关联原则只能适用于明示交际，并不是说适用于任何交际，而且关联也并不能保证交际绝对成功，交际者试图达成关联只是为了增加交际成功的可能性。

3. 最大关联、最佳关联与翻译

最大关联与最佳关联属于不同的领域，在认知领域，人们追求最大关联；在交际领域，人们追求最佳关联。下面分别介绍最大关联与翻译以及最佳关联与翻译。

（1）最大关联与翻译

最大关联与"产出与投入之比最大：产出的效应最大，投入的努力最小"相等，"最大的效应"与"最小努力"都是就听话人角度而言的。例如：

A：How long did the concert last?

B：Two hours and a half.

A：这次音乐会有多长？

B：两个半小时。

在该例中，B的回答与A的提问是最直接的，即是关联的，体现了最大关联性。就这个意义而言,最大关联也可以叫作"听话人关联",这是因为 A 可以很容易理解 B 的话语意图,并不需要进行复杂的推理。

例如,"软座 & 硬座软",软座指的是有坐垫的座位,硬座则是没有坐垫的座位,即普通座位。在翻译时,不能根据字面意思直接翻译为 soft seat 和 hard seat,而应将其译为 cushion seat 和 ordinary seat,这样有利于目的语读者接受,从而做到最大关联。

（2）最佳关联与翻译

斯珀伯和威尔逊在关联理论的最佳关联假设中,提出要考虑说话人的能力与意愿。这种对说话人利益、说话人能力和意愿允许范围内的最大关联即为最佳关联。例如:

Where there is a way for car, there is Toyota.

车到山前必有路,有路必有丰田车。

该例原文是日本丰田汽车的一则广告语。这则广告语是对英语谚语"Where there is a will, there is a way."（有志者事竟成）的仿照。在翻译时,译者也仿照英语习语的译法,不仅将原文所表达意图传达出来,同时还符合目的语的表达习惯,达到了广告宣传的目的,实现了最佳关联。

再如,"请勿滑倒"是一则公示语,想要传达的意思是希望受众不要滑倒,滑倒可能是因为地板湿,也可能是因为坡陡等。在翻译时,译者准确地把握了这一语境关联,将其译为"Please mind your step",在原文读者/说话人与译文读者/听话人之间建立起了一种默契,使原文的意图得以再现,做到了最佳关联。

综合上述分析可知,翻译实际上就是通过分析语境,寻找出原文与语境之间的最佳关联,达到对原文语境效果的理解。原文作者与译者之间是通过"互明"的方式来进行交际的。在翻译时,说话人/作者与译者之间、译者与译文读者/听话人之间需要依据原文作者/说话人的明示行为,通过合理推理寻求最佳关联,最终实现语用等效的目的。

作为一种认知交际理论,关联理论认为忽视原文的文化背景、民族习性会造成十分严重的文化误读。关联理论指导下的翻译需要注意两个方面:首先,译者必须识别原文中作者的意图,然后使用明示的方式呈现给读者;其次,译者要对译语读者的认知环境进行推理,选择合理的翻译策略对原文中作者的意图进行有效传达,为译语读者建构一种文化语境,从而达到传递原文真正内涵的目的。可见,译文只有在最佳关联下才能产生相关的文字表述。

二、卡特福德的翻译等值论及转换论

1965 年,卡特福德在韩礼德所提出的阶和范畴语法思想的基础上提出了基于语言学理论的翻译模式。以韩礼德的系统功能语法理论为基础,卡特福德在传统翻译研究与现代翻译研究之间架起了一座桥梁,其所提出的著名理论就是等值论与转换论。卡特福德把翻译理论看成是应用语言学的一个分支,因此他将翻译定义为:一种语言(SL)的语篇成分由另一语言(TL)中等值的成分来代替。换句话说,翻译这个词本身就是指把一种语言转换成另一种语言的过程。

(一)等值论

卡特福德认为,翻译实践过程中的中心问题就是寻找等值成分。等值关系既可以在"层面"上建立,也可以在"等级"上建立,还可以在二者的任意交叉点建立。其中,层面包括语音、语法、词形、词汇等;等级包括语法结构、句子、短语、词、词素等。

根据韩礼德的阶与范畴语法思想,卡特福德第一次从系统功能语言学的角度研究了翻译的性质、方法、类型、条件、限度,将语言学中的很多概念如层次、范畴、阶等作为语际转换的主要根据。经过大量调查与研究后,卡特福德提出了"形式对应"与"文本等值"两个概念,同时区分了二者之间的差异。

(1)形式对应(formal correspondent)。这一概念是指译文在语言范畴与原文的语言范畴相对应。

（2）文本等值（textual equivalent）。这一概念是指译文全文或部分跟原文全文或部分等值。

卡特福德提出，语言中的阶、词、短语、意群、小句、句子等组成要素在翻译过程中可以采取逐词翻译、直译或意译。其中，逐词翻译主要是针对单词这一级别的等值翻译；意译可以在上下级之间进行变动，不受限制，通常是从低级向较高级变动，有时候还可能超越句子；直译则介于逐词翻译与意译之间。在卡特福德看来，翻译中的对等只能在话语与功能两个方面实现，这一观点为翻译理论的研究开辟了新途径。

（二）转换论

在《翻译的语言学理论》一书中，卡特福德对翻译的"转换"问题进行了细致描述。他认为，翻译中的转换可以分为两种："层级转换"与"范畴转换"。在这两种分类的基础上，卡特福德区分了以下几种翻译的方法。

1. 全部翻译与部分翻译

所谓全部翻译，即将语篇的所有内容都翻译过来，使用目的语的成分替换源语中的所有成分。部分翻译则是将语篇中的部分内容转换为目的语，其他部分则依然保留源语的形式。在翻译实践过程中保留部分源语形式的原因通常包括如下几个方面。

（1）源语中的内容在目的语中无对应项，只得将源语形式原封不动地移植过来。

（2）源语中的内容在目的语中既无对应项，也找不到其他合适的表达方式，即"不可译"，只能保留源语形式。

（3）源语项目带有鲜明的地方色彩，这种色彩在目的语中找不到相同或相似的表达，只能保留源语的形式。

2. 完全翻译与受限翻译

将源语整个语篇都进行翻译，包括词汇、语法等都使用目的语的词汇、语法来替代,将源语的音系、字系也用目的语的音系和字系来替代,这种翻译就是完全翻译。然而,由于源语、目的语文化方面存在很大差异,二者实现完全彻底的翻译是不可能的。译者通常只能在大致意义上实现源语与目的语之间的对等,但人际意义、语篇意义的对等则很难实现。

受限翻译通常指的是将语篇的材料用目的语语篇的材料在一个层次上替换。例如,音系翻译是将源语的音系特征用目的语的音系特征来替代,但对于字系、词汇、语法等层次而言则不需要使用目的语来替换。这种翻译属于比较特殊的翻译,不能将整篇文章全部翻译过来。

3.整体翻译与局部翻译

整体翻译就是将源语的文体特色、意义、交际目的等都用目的语表述出来。从原则上讲,这被认为是翻译的最理想目标。然而,不同语言的结构、语义、建构规则是不同的,并且由文化所形成的意义系统也存在不同,也就是说两种语言是很难实现完全对等的。

局部翻译通常是为了某种特殊的目的,将翻译目标定位在一个局部,而将其他方面的对等放在次要位置。例如,为了最大限度地实现交际功能的对等,就需要舍去形式上的某些对等,目的在于在目的语读者中产生与源语读者同样的效应。可见,这种翻译策略的选择是由翻译目的来决定的,属于翻译目的论的一个方面。

三、哈提姆与梅森的语境分析模式

国外最早从语用学的观点进行翻译研究的著作是哈提姆(Hatim)和梅森(Mason)的《话语与翻译》。哈提姆和梅森在研究过程中从语用学的翻译着手,就语用因素对翻译的影响和制约作用进行了研究和探讨。二位学者指出,译者在翻译过程中需要注意语境的影响作用。通过对语境的了解,推理源语与译入语之间、译者和读者之间、译文和读者之间的关系,以此为基础,对原文的写作意图进行挖掘,从而在最大程度上还原作者的思想,使译文能够反映原文的精髓。

（一）语境的内涵

语境（context）是语用学研究中的重要概念，其主要包括狭义语境和广义语境。所谓狭义语境，指的是话语使用的上下文；广义语境指的是和语言使用相关的一切因素，包括语言语境和语言外语境。语用学在研究过程中对语言的使用环境十分重视，因此可以说语用学考查的是在特定的语境下不同话语的使用含义。

所谓语境的功能，指的是语境对话语表达和理解所产生的影响。语境论的基本思想首先由弗雷格（Frege）提出，他认为只有在语境中才能找到词的具体意义。维根斯坦（Wittgenstein）也赞同这种观点，认为名称只有在命题中才有意义。语境论的主要观点可以概括为以下几个方面。

（1）语言的具体意义离不开语境，语义存在于语境之中。

（2）语义不是抽象的，语义为语境所决定。

（3）人们可以从显而易见的语境中推知或归纳出语义。

例如，一位来访的客人对主人说"It's cold in here."运用语境论对该句子进行分析，就会得出许多不同的解读，如表 2-1 所示。

表 2-1　不同语境的不同含义解读

语境	该语境下的解读
此时正值隆冬，天气寒冷，房屋的窗户是打开的。	好冷啊！请把窗户关上吧！
此时正值隆冬，天气寒冷，房屋的窗户是关着的。房屋里有空调。	可以打开空调或调高空调温度吗？
此时正值隆冬，但今天出了难得的太阳，房屋的窗户是关闭的。	外面有太阳，把窗户打开，让阳光射进来吧！
此时正值盛夏，天气炎热。房间里有空调，窗户是关闭的。	请把空调温度调高点，否则要感冒。
房间里不冷也不热，但主人态度冷淡，似乎不太欢迎来客。	人情太冷漠了，来到这很是失望。

通过上表可以看出，同样一句话在不同语境中可以表达不同的意思。由此可见，语境对话语意义的表达和理解可以产生很大的影响。

（二）语境的翻译

语境在很大程度上影响着译者对原文的理解。译者在进行翻译实践的过程中，了解作为符号的语言与具体语境之间的关系对于信息的正确传递影响深远。如果译者忽视了语境的作用，则很难忠实于原文的风格进行翻译，同时也无法准确传递出原文信息。英汉两种语言带有差异性，因此想要取得完全相同的表达效果是不可能的。翻译中，译者需要在运用自身的语言知识的基础上重视语境对文章表达的影响，从而在最大程度上还原文章信息。

语用学中的顺应论认为，交际双方在语言使用的过程中不断激活的语境因素和一些客观存在的事物动态会随着交际过程的变化而变化。交际语境和语言语境的变化对交际的影响十分重要。因此，在进行语用翻译的过程中，译者需要对中西方的语言使用文化和交际背景进行研究，从而提高翻译质量。例如：

犬子将于下月结婚。

My little dog is getting married next month.

这个例子是汉语文化语者写给外国友人的喜帖。译文中将"犬子"译成 My little dog 显然出现了一定的语用失误。译者的译文曲解了原文的语用含义。在进行翻译的过程中，译者需要了解交际双方的交际语境。在这个例子中，其交际语境主要包括以下几个因素。

物理世界因素：中英两个国度。

社交世界因素：汉语用犬子、小儿和小女分别谦称自己的儿子和女儿，而英语中没有类似表达。

心理世界因素：作为父母，写信人把儿子即将结婚的喜悦之情隐藏于低调之中。

根据以上分析和原文含义可输出如下译文：

My son is getting married next month.

除交际语境外，翻译时还要考虑语言语境（即上下文语境）。语言语境主要包括：语篇衔接（contextual cohesion）、互文性（intertextuality）和线性序列（sequencing）等，并和语言结构顺序有着密切的联系。

哈提姆和梅森（1990）认为，翻译是在一定的社会情境下进行的交际过程。这个过程可以看出译者和读者之间的动态联系，通过对译文进行分析就能看出译者是如何整合语用信息进行文本翻译的。二位学者认为，在翻译的过程中，译者需要进行以下两个步骤。

（1）译者必须透彻理解原文词语在语境中的内含和暗含意义。

（2）译者必须将其在译文中如实再现出来。

哈提姆和梅森在翻译研究的过程中引入了言语行为理论、合作原则、真诚条件等语用学观点，同时结合了社会、文化因素与其语用学理论，在研究过程中总结分析了一些翻译中的现实问题，这大大加深了语用翻译的研究深度。他们主张，译文不仅要在命题内容上达到语用等效，还要在言外之力上达到语用等效。从语篇层面上考虑，如果译者不能再现原文的言语行为，那么译文很可能会导致交际的失败。由于语言使用者的社会地位、权势等的不同，其语言的使用方式、言外之力也会有所差异。这些因素都需要译者在翻译过程中进行等效翻译。随后，哈提姆和梅森（1997）又进一步拓展和深化了他们的观点，认为译者处于动态交际过程的中心，是原文作者和译文读者间的协调者。因此，译者需要正确发挥自身的协调作用。

（1）译者在翻译过程中，需要努力克服等效翻译中的障碍。

（2）译者对原文的阅读是为了进行等效翻译，从而产生出正确的文本。对原文的正确解码是为译文的写作打下基础。

第三章 外宣翻译中的文化阐释

20 世纪对于翻译研究来说是一个多元化的时代。随着这一时代的产生与发展，传统的语言学派翻译研究已经逐渐被文化学派研究取代。也就是说，翻译中逐渐融入了文化的内容。当然，外宣翻译作为翻译的一种表现形式，也需要从文化角度来阐释外宣翻译。因此，在进行外宣翻译时，译者不仅仅需要将两种语言间的壁垒打破，还需要跳跃出两种文化的鸿沟。这就需要对外宣翻译进行文化阐释。本章就来分析和探讨这一问题，以期为译者提供一定的理论指导和借鉴。

第一节 文化的界定及其与语言的关系

既然要研究外宣翻译中的文化问题，首先就需要对文化这一概念有一个基本的认知，即弄清了什么是文化，才能探究文化如何影响外宣翻译。同时，翻译属于一种语言问题，语言不仅是一种社会现象，还是一种文化现象，因此语言与文化有着密不可分的关系。本节从文化的定义与属性两个层面对文化进行界定，进而探讨文化与语言的辩证关系。

一、文化的界定

在当今社会，文化已经渗透到了社会生活的每一个角落。文化的内涵极其丰富，它不仅仅是一种特有的现象，也是人们思考、言语、行为、感觉的总和。可见，文化现象无处不在。对于"文化"这一术语，下面主要从国内外学者的定义中进行分析，进而深层次挖掘文化的属性。

（一）文化的定义

culture 一词源自于拉丁文 colere，德语是 Kulture，这一词的本义为"开化、开发"，后来常用于指代一些与物质意义相对应的精神层面的意义。随着社会的发展，很多学者对"文化"一词进行了研究，并给予了多个层面的定义。

"文化"这一词古已有之，但是在古汉语中，这两个词是分开使用的。"文"的本义是指"各色交错的纹理"，有纹饰、文章的意思；"化"本义是"改易、生成、造化"等含义。而"文"与"化"合并成一个词语使用是在西汉时期。西汉刘向的《说苑·指武》中记载："圣人之治天下也，先文德而后武力。凡武之兴，谓不服也；文化不改，然后加诛。"在这里，文化指的是与野蛮相对的一种教化。之后，"文化"一词被广泛使用，并引申出来了很多其他的意义，如"质朴"、"人文"、"人伦"等。

在现代，对"文化"一词的界定，我国学者主要是从广义和狭义两个层面来说的。我国 20 世纪 70 年代出版的《辞海》一书对"文化"一词做了广义与狭义的界定。从广义上说，文化是人们在不断的实践过程中，创造的所有物质财富及所有精神财富的集合；从狭义上说，文化就是一种意识形态，以及与之相适应的制度和组织机构。

著名学者萧俊朗（1999）指出，"文化的构成和蕴含决定了它不能被任何一门学科所独有，它具有明显的跨学科性，这已经成为了人们认识文化和研究文化的趋向。因此，应该从语境角度来定义'文化'一词。"[①]

除了国内学者，国外学者也对文化这一定义进行了分析和探讨。下面列举几个常见的国外学者的定义。

美国著名的学者阿尔弗雷德·路易·克罗伯与克莱德·克拉克洪（Alfred Louis Kroeber ＆ Clyde Kluckhohn，1952）在《文

---

① 萧俊朗.文化的语境与渊源——文化概念解读之一[J].国外社会科学，1999，(3)：18.

化:关于概念和定义的评述》一书中,归结了文化的 164 种定义,他们对这些定义进行了概括和辨析,具体包含三点。第一,文化由两层行为模式构成:一种是内隐行为模式,一种是外显行为模式。这两种模式传递的途径是象征符号。第二,传统观念是文化的核心部分,其中最突出的就是由传统观念带来的价值。第三,文化体系有两方面的意义:可以被认为是行为活动的产物,决定着下一步的行为活动。[1]

人类学家泰勒(Edward Tylor,1990)认为,"文化是一个复合体,可以称之为'文明'或'文化',从其广泛的民族意义上说,其主要包含知识、信仰、艺术、道德、法律、风俗,以及人类在社会里所获得、接受和掌握的一切习惯与才能。"[2]

美国著名学者萨莫瓦等人(Samovar et al.,1995)也对文化进行了界定,他们认为"文化是一些人通过个人或者集体的努力,获取的包含知识、意义、态度、信仰、价值观、时间观、物质等在内的财富"[3]。

语言学家莉奈尔·戴维斯(Linell Davis,2004)指出,"文化是一个集合体,它集风俗、信仰、行为、价值、文化构式等为一体,在这一集合体中,人们可以进行相互学习和分享。"[4]

总之,国内外学者对文化的界定虽有不同,但都体现出文化是一个包容性很广的概念。不同的民族在不同的生态环境下,创造独特文化的同时也被自己的文化所塑造。综合以上观点,本书笔者认为文化是人类有意识地创造的一切物质财富和精神财富的总和。

---

① 转引自严明.跨文化交际理论研究[M].哈尔滨:黑龙江大学出版社,2009:2－3.

② Tylor,Edward Burnett. *Primitive Culture*[M]. Beijing:the Chinese Press,1990:52.

③ Samovar,L. & Porter,R. *Communication between Cultures*[M]. Belmont,CA:Wadsworth Publishing Company,1995:47.

④ Davus,Linell. *Doing Culture—Cross-Cultural Communication in Action*[M]. Beijing:Foreign Language Teaching and Research Press,2004:24.

（二）文化的属性

文化是由人创造并发展的，与人类本身和人类的活动有着直接、密切的关系。从哲学上来说，文化具有共同属性与个别属性。其中的共同属性是说人们的认识都是来源于一个客观的自然环境，因此是基本相同的，主要包含地域属性、民族属性、历史属性等。而个别属性是指受各民族所处环境的影响，因此产生了不同的语言文化。下面主要从文化的这几个共有属性进行具体论述。

1. 地域属性

文化的地域属性是指受不同民族所生活的地域、地理环境的影响，与之相关的生产与生活方式、气候与地形、风俗习惯与社会结构等也存在明显的差异。例如，有些国家或民族濒临海域，其物产往往会以鱼、虾等水产品为主，因此就产生了"开鱼节"等节日；我国藏族地区有着丰富的马匹，因此六月举行"当吉仁"等活动。这就是文化地域属性的体现。

2. 民族属性

任何一个民族的文化都与该民族的生产与生活有着密切的关系，但是由于每一个民族的发展历程、生活习惯等存在明显的差异，其民族文化也有独自的特色。

斯大林曾经指出，"一个民族，一定要有共同的经济、共同的地域、共同的语言以及体现共同的心理的文化"。具体来说，文化的民族属性主要体现在习俗的民族化、物产的民族化以及观念的民族化这三个层面。

（1）习俗的民族化。习俗的民族化是指受不同民族的发展历史的影响，形成了各自不同的特色的习俗文化。例如，汉族的丧葬往往是以白色为主；而西方的婚礼往往是以白色为主，丧葬往往是以黑色为主。

（2）物产的民族化。物产的民族化往往是受不同地域、不同气候等客观因素影响的。例如,"茶"在中国是非常著名的,尤其是"普洱茶"、"高山云雾茶"等,这些在西方文化中是找不到与之相对应的表达的。

(3)观念的民族化。观念实际属于意识心态的一部分,是在教育的影响下形成的一种价值观或人生观。例如,阿拉伯国家的妇女往往要穿能够遮挡住脚的长裙,一些地位比较高的妇女往往要求带上面纱等。

3.历史属性

时代不同,文化也不同,这是任何文化发展演变的结果。也就是说,随着时代的发展,一些演变和积累形成的人文文化、自然文化等构成了人类文化的生态结构。例如,古代社会、现代社会、当代社会三个不同的阶段,其所展现的人文文化、自然文化等就明显不同。这就是文化的历史属性的体现。

此外,文化的历史属性还反映在人类的价值观念和社会生活的变化中。并且,随着历史的前进,文化发展的基本趋势也是不断进步的,虽然说在某个时期可能会出现有所倒退的情况,但是整体上还是向前发展的。

二、文化与语言的关系

文化是一个复杂的现象,其与语言相互依存、相互影响。很多学者对文化与语言的关系进行了阐释,出现了"一元论"、"交叉论"、"包含论"、"双向交叉论"、"无关论"等论调。但是笔者更倾向于文化与语言是双向交叉的关系。首先,语言是文化的载体和交流工具,是文化的一种记录和反映。其次,文化是语言发生的环境。下面就具体阐述一下文化与语言的关系。

(一)文化与语言的关系研究

文化与语言之间有着非常复杂的关系。因此,在对二者关系进行探讨之前,有必要对国内外学者的言论展开探讨。文化与语言的关系问题,一直是国内外学者备受瞩目的问题,其中主要集中在以下几种说法上。

(1)"一元论",即文化与语言是一体的,文化就是语言。持有"一元论"观点的学者认为,语言将整个世界观、思维模式包含在内,因此语言是整个民族文化的核心。19 世纪著名学者洪堡特(Humboldt)曾经指出,"一个民族的语言实际上是一个民族精神的代表"①。从洪堡特的观点中可以明显看出,文化与语言是重叠、一体的关系。

(2)"交叉论",即文化与语言中有些是交叉的,即部分内容是重叠的关系。这一观点实际上对文化持有狭义的态度,著名学者哈德逊(Hudson)就持有这一观点。他认为"实际上,文化就是对他人的行为和知识进行观察和学习"②。同时,他还认为语言也是从他人的行为中获得的,因此这就总结出文化中涉及了语言的一部分内容,而从他人那获得知识就是文化与语言交叉的部分,各自的特色是二者不交叉的部分。

(3)"包含论",字面意思理解就是文化与语言是包含与被包含的关系,这一观点得到了国内外很多学者的认同,但是在看法上也存在一定的差异性。文化有广义文化与狭义文化的区分,一些持有广义文化观的学者认为文化包含物质文化、制度文化以及观念文化三个层面的内容,分别位于表面阶段、中级阶段以及深层阶段,而语言就位于中级阶段。可见,从这些人的观点中可以明显得出语言是包含在文化中的。

(4)"双向交叉论",即文化与语言是双向交叉的。这一论调是在"交叉论"的基础上提出的。著名学者陈建民指出,"如果将文化与语言比喻成一张皮的话,那么这两者就位于这张皮的两面,但是二者也是存在于一张皮之上,而不是两张皮,对于这两

---

① 转引自顾嘉祖等.跨文化交际——外国语言文学中的隐蔽文化[M].南京:南京师范大学出版社,2000:235.

② Hudson,R. A. *Sociolinguistics*[M]. Oxford, U. K:the Alden Press,1980:83—84.

面,你可以从任意一面去看。"①可见,陈教授就明确提出二者是双向交叉的。

(5)"无关论",即文化与语言是无关的、排斥的。这一论调可以从沃德霍的《社会语言学引论》(*An Introduction to Sociolinguistics*,2000)这一书中体现出来。沃德霍指出,"文化与语言几乎没有任何关系。"②

从上面五种观点可以看出,"一元论"过分夸大了语言在文化中的地位,是将文化与语言的关系走向了一个极端;"排斥论"否定了文化与语言的关系,是将二者的关系走向了另外一个极端。可见,这两种观点都违背了科学与现实。而"交叉论"的观点就显得非常直观和科学,可以将二者密不可分的关系清晰地揭示出来。下面就来系统地分析一下二者的关系。

(二)语言对文化的影响

本质来讲,语言是文化的一种重要而独特的成分,是文化发展的重要产物。因此,语言实际上承担着文化的功能。其具体体现在如下两个层面:语言是文化的载体和交流工具;语言是文化的一种记录和反映。

1.语言是文化的载体和交流工具

语言是社会文明进步的反映,并且对传承文化有着重要的作用。说语言是文化的载体,是与其他载体相比较来说的。这是因为,其他载体只能将文化的某个部分或者某几个部分展现出来,意味着只能展现出文化的某一个角落,但是语言可以将文化的整体信息清晰地展现在人们的面前。

语言往往包含三大要素,即语音、词汇、语法。一般来说,承担文化的任务往往是由词汇来担任的,尤其是词汇中的实词。也

---

① 陈建民.文化语言学的理论建设[J].语文建设,1999a,(2):45.

② Wardhaugh,Ronald. *An Introduction to Sociolinguistics*[M]. Beijing:Foreign Language Teaching & Research Press,2000:216.

就是说,词汇是文化体系、文化内容变迁的基础。文化的信息主要凝聚到词汇之中。新词是语言对社会变迁表现得最为敏感的部分,它们是语言动态变化的凸显,是语言检测的一项重要的内容。当今社会日益发展,很多新词蜂拥而出。根据历年教育部《中国语言生活状况报告》,我们可以发现很多新词语出现,如表3-1所示。

表3-1　2006—2015年《中国语言生活状况报告》新词汇总

年度	新词
2006	独二代,交强险,奔奔族,换客
2007	和谐号,D字头,次贷,大小非
2008	三聚氰胺,雷,山寨,堰塞湖
2009	躲猫猫,蜗居,被,楼脆脆
2010	低碳,洗虾粉,救援,微博
2011	加名税,微电影,虎妈,云电视
2012	中国梦,选举年,钓鱼岛,莫言热
2013	雾霾,土豪,斯诺登
2014	反腐,马航,依法治国,失联
2015	互联网＋,廉政,反恐,重创空间

新词的出现反映了文化动态的一面,而一些已经逐渐融入人们的生活中,反映了文化稳固、静态的一面。可见,语言是文化的载体与交流工具。

2.语言是文化的一种记录和反映

语言是一种表达和记录的符号,它可以表达人们的思维、态度、认识、信念等。语言对文化的反映主要体现在如下几个层面。

(1)反映民族心理。之前已经提到,语言是文化的载体,当然也是一个民族文化的载体。因此,语言可以反映民族心理,其主要涉及价值观、伦理道德等层面。自古以来,中国人民对于亲属关系是非常看重的,如"嫂子"一词是为了表达对兄长妻子的尊重,往往很多时候将"长嫂"比作母亲。相比之下,英语中的 sister-in-law 其实与"嫂子"一词并不对等,因为英语中的 sister-in-law 有"嫂子"和"弟媳"两层含义,这足以看出英语国家是从法律程度上看待亲属关系的民族心理。

(2)反映风俗习惯。风俗习惯是特定民族、特定群体在特定文化中共同创造和遵守的行为规范,是一种社会文化现象。其主要涉及风俗礼仪、信仰、婚姻传统、生活方式等层面。例如,中国人很注重面子,并且对自己在别人心目中的形象是非常在意的;英国人很注重穿着的场合和礼节;美国人并不注重面子、穿着、礼节等,他们注重的是能够直率地表达自己的看法和观点。

(3)反映生存环境。文化的形成往往会受到生存环境的影响,生存环境不同,地域文化也就会不一样。在语言上的表现就是:会产生不同的表达方式,但是这些表达方式会逐渐固定下来。从宏观层面上来讲,生存环境主要涉及船舶、天气、海洋、气候、物产资源、动物、植物等。例如:

in the same boat 在同样的船上(比喻:处境相同,同舟共济)

poor fish 可怜的鱼(比喻:可怜虫)

any port in a storm 船舶遇到风暴时,一个港口的存在就可以避开危险(比喻:危机时任何可以解脱的办法)

chip off the old block 大块里面出来的小块(比喻:酷似双亲)

(4)反映宗教文化。在文化领域中,宗教是非常特殊的,但是文化价值体系的核心。从宗教层面上来说,不同的语言能够对所在文化的宗教观念进行表达,而且宗教不同,其表达的文化也不一样,是一个民族文化特点与背景的反映。例如,中国人信奉佛教,因此出现了很多相关的表达,如"放下屠刀,立地成佛"、"佛是金妆,人是衣妆"等。而欧美国家主要信奉基督教,也出现了很多相关的表达,如"Thank God!""Good/great God!"等。

(三)文化对语言的作用

从上述的论述中不难看出,语言对文化有着重大的影响,而反过来,文化对语言也有着重大作用。具体来说,主要体现在如下三个层面:文化是语言词汇象征意义的来源;文化是语言形成和发展的基础;文化是制约语言运用的决定性因素。

1. 文化是语言词汇象征意义的来源

之前已经提到,语言的基本结构就是词汇,每一个词汇都有其自身的独特概念。因此,一种语言中的词汇会是这个民族文化环境的反映。可以说,词汇对于人们对客观世界的认识有着重大意义。一般来说,词汇除了有概念意义之外,还有其自身的引申意义或者比喻意义。前者是客观事物特征的反映;而后者是其文化存在的象征。

各个民族的文化有其自身的特色,这就导致不同民族看待同一事物往往会有不同的认识。例如,中国的龙是有着威严、尊贵的象征,因此产生了"龙的传人"、"龙凤呈祥"等比喻意义。但是在西方国家,与龙对应的 dragon 一词却有着相反的意思,他们认为 dragon 是邪恶的化身,是罪恶的来源。可见,不同文化导致了人们对同一事物的认知明显不同。

2. 文化是语言形成和发展的基础

文化是语言形成和发展的基础。如果没有文化的存在,语言也就无从谈起了。著名人类学家、语言学家萨丕尔(Sapir)在他的《语言论》(*Language*,1985)一书中指出,语言是不能脱离文化而独自存在的,也不能脱离整个社会延续下来的观念和做法。① 如前所述,语言在很多层面上都可以体现出文化因素,如词汇、句法、篇章等。可以说,语言其实是文化的行为,正是文化的存在,语言才得以形成。

3. 文化是制约语言运用的决定性因素

语言的运用往往会受很多因素的制约,而在这些制约因素

---

① 况新华,曾剑平.语言与文化的关系述要[J].南昌航空工业学院学报,1999,(1):63.

中,文化是其决定性作用。众所周知,语境对语言的运用有重大影响,是语言生成和理解的先决条件,而文化就是语境的核心。文化的这一决定性作用可以减少语言中出现误解、冒犯或者无礼的情况。具体来讲,体现在两个层面。首先,语言会受到相同文化的影响。中国人虽然有着相同的汉语文化背景,但是往往也会对语言产生影响,即使语言存在差异。例如,"嫦娥"一词原名"恒娥",为了避汉文帝的名讳而做的更改。其次,语言会受到不同文化的影响。这可以从英汉两种语言的差异中明显体现出来。例如,中国人见面往往会问"你去哪里了?",这是一种简单的问候或者也可以算作一种打招呼的方式,但是在西方人看来,这是过问对方的私事。

(四)文化与语言的相互影响

从上述分析中不难看出,文化与语言是相辅相成、相互影响的。语言是用来记录、传承、反映、建构文化的。如果某一个民族在不断的发展中丧失了自己的语言,那么文化中的很多内容由于不能用语言来记录而丧失其意义。可见,语言是文化的重要组成部分。

反之,文化对语言的发展也有重要影响,文化的动态性会引起词汇、语法、语篇发生改变。文化可以创造词汇、语法、语篇,但是同时这些词汇、语法、语篇也是文化的记录,是对当时文化特征的反映。总之,文化对语言的结构、语言的意义有着重要影响。

第二节　翻译的文化性透析

随着翻译研究的不断深入和发展,翻译与文化的关系也越来越突出。翻译的文化性是从德意志民族的翻译历史开始的,尤其马丁·路德对《圣经》的翻译为我国翻译的发展开启了道路。1970 年之后,由于语言学派的影响逐渐减弱,翻译界开始向文化的方向转变。因此,对翻译进行文化性透析对于研究外宣翻译的文化性有重要意义。本节就通过翻译的发展历程来研究翻译的文化性问题。

从中西方的翻译历史中不难看出,中国历史上出现了三次翻译高潮,这三次翻译高潮是以东汉到宋代年间的佛经翻译作为开端的;西方出现了六次翻译高潮,这六次翻译高潮是以罗马对古希腊作品的翻译作为开端的。从这一点可以看出,翻译与文学典籍有着密切的关系。众所周知,文学典籍是一个民族、一个社会文化的见证和汇集。如果说翻译对语言有直接的作用,那么翻译与文化之间的关系就是间接的,但是这种间接的关系也是相互联系的。这是因为语言本身就属于文化,因此翻译与文化的关系就显得更加紧密,那么对翻译进行研究,就不可能不涉及文化的内容。

对中西翻译的历史进行研究不难发现,翻译的文化性视角的开端在于德意志民族的翻译历史。而对这一民族的翻译历史进行研究,就不得不说马丁·路德对《圣经》的翻译以及德国浪漫主义理论派的观点。其中马丁·路德对《圣经》的翻译可以说是基督教义的一种有记载性的创新改革,同时对德意志民族的语言与文化有着不可小觑的影响作用。

在马丁·路德进行宗教改革之前,基督教在欧洲已经占有了重要的地位,社会大众无论是知识渊博,还是知识贫乏;无论是地位高贵,还是地位卑贱,他们都将基督教视为一种精神支柱,罗马教廷也拥有着至高无上的权利,作为基督教的一种文字记录材料,《圣经》只能通过一些神职人员运用口头的形式让大众知晓。但是久而久之,罗马教廷内部更加荒淫,并且极度地剥削广大民众,因此这就导致了马丁·路德更加坚定地进行宗教改革。他认为,神职人员对《圣经》的任意宣讲是出于维护统治,这种行为一定程度上是对基督教的侮辱和对信众的欺骗。因此,他开始引导人们来对《圣经》进行解读,并且指出人人在上帝面前是平等的,个人可以通过宗教来得到拯救,不需要经过这些神职人员来进行拯救或救赎。① 可以看出，马丁·路德的思想是让《圣经》融入平常百姓的生活，这是对罗马教廷统治的一种颠覆，也是与传统教廷的一种对立。但是需要指出的是，在当时的社会条件下，德国并没有一个标准的、完整的、能够供所有阶层民众阅读的版本，这也是令马丁·路德头疼的问题。因此，他还是摸索《圣经》的翻译。但是这一工程并不简单，因为当时的德国的语言并不统一，各个地区都有自己的语言，因此马丁·路德在选词上往往会选择一些通俗易懂的词语，并且他通过与普通百姓交流，将一些地区的方言与圣经语言进行比较，选择了一些相对较为接近的词语，这一过程是非常漫长的，但是却成了德语统一的一个重要标志，也是德意志民族语言形成的一个象征。②

对于文化中的各要素而言，语言是其最活跃的成分，当然也最容易受到外界因素的影响。如前所述，马丁·路德运用最通俗的语言对《圣经》进行翻译，即将一些难懂的宗教术语改成通俗的、日常的用语或俗语，这样就使得这些宗教教义更容易与各阶层民众的生活相接近，也最容易得到他们的认可。总之，马丁·路德的这种翻译方法便于《圣经》在民众中的推广和普及。也正是在这样的推广和普及下，语言中也逐渐纳入了新的内容，并得到了一定程度的发展。马丁·路德对《圣经》的翻译实际上代表了德意志人们的性格及其精神，也就是要遵循秩序、追求尽善尽美，而这些恰恰是德意志文化的标志。

从上面论述可以得出，在德国，翻译对译入语文化有着重要的影响。在马丁·路德理论的指导下，德国浪漫学派的思想家对翻译的研究也有其独特的观点。德国的浪漫主义文学是建立在对传统欧洲文学的整理，以及对本民族的挖掘上，在整理和挖掘的过程中是免不了翻译这一过程的。因此，很多浪漫主义学派的思想家也融入了对翻译的研究。若瓦利斯就是其中的一位代表，

---

① 林燕.马丁·路德的宗教改革对德意志民族特性的影响[J].山西师范大学学报,2003,(1):140−144.

② 侯素琴.马丁·路德与现代德语[J].上海理工大学学报,2006,(2):53−56.

他在给施莱格尔的信中这样说道:"我们应该使得翻译逐渐成为文化的一种扩充手段。"①两位学者对翻译的研究涉及了翻译的原则等方面的问题。并且,若瓦利斯还认为"对本民族文学的厚爱以及对美的追求才能使得翻译更具真实性"②。这一理论的提出为以后翻译理论家的研究提供了基础,即提出了翻译的标准。

进入 20 世纪之后,法国著名的翻译理论家乔治·穆南对我国的语言学研究产生了重要影响,也使得语言翻译观在我国逐渐建立了统治地位。从 20 世纪初期到 1970 年左右,很多学者对语言进行了深入的研究和探讨,因为翻译活动的主体就是语言,并且在研究的基础上也产生了很多的译论,如奈达学派、洪堡学派等。但是这造成了一个问题,即将翻译限定在语言的范畴之中,后期的发展就逐渐缓慢下来,很难在此基础上进行突破。

1980 年后期,西方学术界兴起了文化研究和文学批评的思潮,即将文化纳入翻译研究的世界,并形成了很多的流派。其中,苏珊·巴斯奈特和安德雷·勒弗维尔就是其中的代表,他们合著的《翻译、历史与文化》一书中就明确了"翻译的文化转向"这一文体。从此,翻译研究进入了一个新的阶段,并逐渐拓展开来。

相比较之前的将翻译局限在语言的角度来说,翻译的文化转向打破了文学、历史、政治等多因素的限制,并且对翻译的影响也更加深远。我国著名学者郭建中教授指出:"翻译并不是两种语言的真空转换,而是两种文化传统语境下的转换。译者的作用主要在于对特定时间的特定文化的翻译。而他们对自己及自己文化的理解是影响翻译的因素之一。"③因此,从文化视角研究翻译不仅为翻译提供了一个新视角,更重要的是将译者纳入了一个新的研究领域,而他们的研究对象也增加了对源语语言及译语文化的了解和把握。

---

① 张仁颖.论马丁·路德对德国文化的影响[J].德国研究,2002,(2):73—80.
② 转引自郑立敏.翻译的文化性透视[J].牡丹江大学学报,2014,(10):104.
③ 转引自郑立敏.翻译的文化性透视[J].牡丹江大学学报,2014,(10):104.

"文化转向"的出现打开了翻译研究的新维度、新视点,将传统语言与文学的界限也打破,将传统只关注作品转入关注影响翻译的因素上。加拿大著名的翻译学者西蒙也指出,"文化转向"这一翻译视角的提出是令人兴奋的,它的出现意味着翻译研究增添了一个新的维度,也使人们意识到翻译不仅仅是语言的交流,更与其他交流方式有着重要的联系,这一联系将翻译看作写作实践,且贯穿于文化表现的各种张力之中。① 除此之外,从文化视角研究翻译还扩充了对翻译的性质、标准以及原则的研究。

总体上说,翻译的"文化转向"对翻译学的发展有着极大的意义,但是进入 21 世纪,我们应该保持辩证的态度来正视这一问题,即其有利也有弊。本节就从翻译文化性的益处和弊端两个层面来透析翻译的文化性。

一、翻译文化性的益处

文化与语言相互依存、相互影响的关系也决定了翻译与文化密不可分。翻译不仅仅是在英汉两种语言之间进行转换,更主要的是英汉两种文化和思维方式的转换。而英汉文化背景、传统习惯、思维方式的差异也使语言深深打上了时代文化的烙印。再加上所属语言体系的人们已经习惯于其独特的表达方式,因此译者为了能够使译语容易被理解和接受,就需要转换表达方式,尽量符合其民族语言的表达习惯。可见,翻译文化性有着不可磨灭的意义。具体来说,可以从对翻译过程和翻译形式两个层面的意义着手进行分析。

(一)对翻译过程而言

如前所述,翻译不仅仅是文本与文本语言的转换,更是一种文化的传递。因此,翻译过程除了会受到语言因素的影响,还受到心理因素与社会因素的影响。也就是说,翻译什么样的作品,

---

① 曾文雄.对翻译研究"文化转向"的反思[J].外语研究,2006,(3):45-80.

如何进行翻译,往往需要考虑该作品本身及译入语的文化背景及特定的文化环境。

从某种程度上说,不同的文化往往具有相似性,但是由于受价值观念、风俗习惯、地域环境等因素的影响,各种文化有着各自不同的寓意,这也是翻译的难点。翻译的过程往往包含对源语内容的理解、运用译入语语言进行表达、对翻译的文稿进行校改这三个过程。而对前面两个阶段进行比较不难发现,虽然对源语的理解也是十分必要的,但是能否用译入语语言真实地传达出来才是最终的目的。

例如,在对某一重要人物景点的介绍中,往往会夹杂着一些社会文化因素,如生活态度、个人习惯等。而译者的任务就是运用一种语言所存在的生活模式对另一种语言所存在的生活模式进行阐述。换句话说,就是要求译者通过分析源语文化及源语文化的意义,并运用另一种语言表达出来,从而实现良好的交流。但是,由于受自身文化取向以及其所存在的社会背景的影响,在翻译的过程中,译者会不自觉地将自身的文化主观性地带入译入语文化中,这在一定程度上会造成译文存在局限性,并且会让译文带上译者自身文化的烙印。

(二)对翻译形式而言

在翻译形式方面,文化也起着十分重要的作用。具体来说,其主要体现在以下几个层面。

(1)在很大程度上,翻译形式会受民族心理是否开放的影响。如果民族的心理是比较开放的,那么其翻译活动是比较容易开展的,也容易吸收他民族的文化,使本民族的文化得到发展;但是如果民族的心理是比较狭隘的、封闭的,那么其翻译活动就很难进行,对待他民族的文化也是持有排斥态度的。

(2)文化是强势还是弱势也会影响翻译形式。这里所说的强势与弱势指的是该文化整体或者文化领域是强还是弱。例如,晚清时期的西学东渐就是西方来华的传教士表现出要拯救落后和衰败的中国晚清社会的思想,目的是从文化和政治上进行西学的渗透。

(3)文化的需求程度也会对翻译形式产生影响。如果文化的需求程度比较高,那么其翻译活动就会更强、更加活跃;如果文化的需求程度比较低,那么其翻译活动就会显得更弱、更加单调。

(4)政治制度属于制度文化的一部分,这对翻译形式也会造成一定的影响。例如,在苏联时期,很多翻译家从事翻译工作,其目的主要是服务于苏联人民以及苏联的社会主义建设。

从翻译过程和翻译形式上说,翻译的文化性有着重大意义。但是,从马克思主义哲学角度来说,还需要用辩证的思维来看待问题。也就是说,除了要看到其益处,还需要看到其存在的弊端。

二、翻译文化性的弊端

之前已经提到,当语言学派出现困难的时候,以巴斯奈特、勒弗维尔等为代表的一些文化翻译派应运而生,他们主张从文化的视角来进行翻译研究。目的是缩小语言学研究与文化的距离。但是,这一研究实际上是对翻译研究初衷的一种偏离,一定程度上走向了另外一个极端,即对语言学派观点的完全否定。这就造成了一定的局限性和弊端。

(一)对翻译的语言属性而言

翻译文化转向在很大程度上忽视了翻译的语言属性。到目前为止,很多国内外学者对翻译现象、翻译活动进行了各种各样的认识,但是却形成了一个基本相同的观点:翻译的基本手段就是语言与语言的转换,基本任务就是实现语言意义的再生,这是一种有着双重属性的交际活动,既跨语言又跨文化。[①] 从严格意义上讲,翻译的基本手段应该是符号与符号的转换,但是由于符号的最重要形式是语言,因此上述观点将翻译的基本手段解释为

---

① 许钧.翻译论[M].武汉:湖北教育出版社,2003:75.

两种语言间的转换。可以说,翻译的语言属性对于翻译而言有着重要作用。

在翻译文化性形成的初期,翻译研究学者对翻译的语言属性还是有所注重的。例如,霍姆斯在对诗歌的翻译进行探索的时候,常常用三个维度来比较,语言维度就是其中的一种,而文学维度、社会文化维度是建立在语言维度之上的。但是,随着翻译文化性研究的不断深入,翻译的语言属性逐渐被削弱和淡忘,而翻译的文化属性开始膨胀开来。霍恩比在他的论文《语言换码还是文化转化:德国翻译理论批评》中指出:"到目前为止,传统语言学中将翻译界定为换码或者替代的时代已经过去了,这一定义对特殊语言的翻译并不适用。相反,以文化作为取向的翻译理论有着无限的开发潜力。"①从这一点来说,霍恩比认为将翻译作为一种代码与代码之间的转换或替代是片面的,是狭隘的,必须对其进行修正。但是也可以看出,这一观点实际上引导人们从一个极端走向了另一个极端,即对翻译文化属性的过分夸大,对翻译语言属性的彻底忽视。

进入翻译文化性的衍生阶段,翻译文化属性几乎占据了绝对的位置。女性主义者更加强调翻译的文化性,因为他们认为这是他们争夺地位的一种工具;后殖民主义者也同样如此,将其视为抵制西方霸权主义的武器。总之,翻译的文化性的过分夸大是对翻译语言属性的忽视和抹杀。

(二)对翻译学内部研究而言

翻译的文化性夸大了翻译学的外部研究,而取消了翻译学的内部研究,这是翻译文化性的另一个弊端。所谓翻译的内部研究,是指对翻译中源语与译语、源语文本与译语文本关系的研究,这一研究强调的是翻译过程中的语际转换。就目前而言,语言学

---

①　Snell-Hoenby,Mary. "Linguistic Transcoding or Cultural Transfer? A Critique of Translation Theory in Germany"in Susan Bassnett[A]. *Translation，History and Culture*[C]. Andre Lefevere. London and New York:Pinter Publishers,1990:85.

派的研究主要重心在于翻译的内部研究,但是其大多数只是对比分析源语与译语、源语文本与译语文本,而并没有将翻译过程中的语际转换作为强调的重心。

之前已经提到,翻译文化学派之所以进行翻译文化性的研究,主要是因为这些学者对语言学派的不满,但是这种不满不能成为他们取消翻译内部研究的原因。此外,翻译文化性还倾向于对翻译产品的考查或者对译语文化的功能和作用的凸显,这属于翻译的外部研究。不得不说,翻译的外部研究一定程度上是对翻译内部研究不足的弥补,但是这种对翻译外部研究的过分夸大也必然会导致很多问题的出现。

总之,翻译的文化性对翻译来说不仅有益处也有弊端,因此必须要处理到翻译文化性的问题。首先,翻译是无法回避文化这一因素的,如果离开了文化,那么翻译也就毫无意义。但是,翻译文化性也不能抛弃语言学翻译研究的内容,不能将二者对立起来。另外,翻译研究还应该始终以自己的立场为基点,将翻译这种行为作为研究的中心,守住自己的阵地,将语言学与社会文化看成影响翻译的一个方面,即搞清楚主体与客体,以免翻译失去自己原有的立场。

第三节　外宣翻译中的文化因素解析

之前已经提到,语言与文化密切相关。因此,外宣翻译也会受到文化因素的影响。而由于中西文化差异的存在,源语作者与外宣接受人群之间会由于文化背景知识的缺乏而产生鸿沟,很难达成共识,这也就造成了翻译的困难。因此,有必要对外宣翻译中的文化因素进行分析,主要体现在社会文化因素、政治文化因素、地域文化因素上。

一、社会文化因素

社会文化是包罗万象、错综复杂的。而与其他文化因素相比，社会文化因素对于外宣翻译有着极大的影响，主要包括观念文化与思维方式两大层面。观念文化与思维方式是一种主观的意识，它会随着客观环境的变化而发生改变，因此不同的文化承载着不同的观念文化与思维方式。观念文化与思维方式的差异是造成中西方沟通困难，甚至造成冲突和误解的主要因素之一。因此，译者必须了解英汉文化价值观的差异，这是能够确保外宣翻译准确的前提条件。下面就具体探讨一下中西观念文化与思维方式的差异。

（一）观念文化

中国有着悠久的历史文化传统，从原始社会开始，就处于群体这一文化网络之中。在氏族社会，人们就指出，血缘关系是维系在一起的，因此形成了一种长幼尊卑的关系，这一关系在现代社会仍旧存在。

受群体环境的影响，中国人民形成一种集体主义价值观念。首先，集体主义价值观念要求人们注意长幼尊卑，即无论是对于国家而言，还是对家庭而言，都要尊重长者。古代有"君叫臣死，臣不得不死；父叫子亡，子不得不亡"的先例；现代有"大爷"、"大娘"的例子。其次，集体主义价值观念要求人们以集体为重，即当个人利益和集体利益发生矛盾时，应该以集体利益为重。"小家服从大家，个人服从集体"就是这一观念的最好体现。最后，集体主义价值观念要求人们处理好人际关系，即彼此之间应该相互体谅、关心、包容。对待亲人和朋友时，都应该以真诚的态度，只有对他们真诚，你才能收获同样的真心。

与中国的集体主义观念文化相比，西方倡导的是个人主义观念。在意识和权利上，西方人追求的是平等、自由、民主。在个人主义观念的引导下，他们更加注重个人权利是不能侵犯的，因此在进行交际的时候也更加注重个体的权利,尤其不容别人侵犯个人的隐私问题,如个人的收入、个人的年龄等。

之前已经明确,中西观念文化的差异性主要体现在集体主义与个人主义上。受这一差异性的影响,必然会对外宣翻译产生影响。例如:

You have to blow your own horn.

应吹自己的号角。

Where there is a will, there is a way.

有志者,事竟成。

在对上述两个句子进行翻译时,如果按照西方人的观念文化来翻译的话,就需要将个人化的特征体现出来。

此外,在时间观念上,中国人注重"过去"时间观念,而西方人注重"将来"时间观念。这是因为,中国人以自己灿烂的历史文化为傲,因此非常看重历史,他们做事往往是不紧不慢的;而西方人认为时不我待,因此珍惜每时每刻。这样的时间观念在进行外宣翻译时也应该予以注意。例如:

the latest news

the latest discovery of sth.

在翻译上面两句话的 lastest 时,不应该将其直译成"最后的",而应该根据中国的观念将其翻译成"最近的"、"最新的"等。

(二)思维方式

在各自的环境中,中西形成了各自独特的文化,而文化所形成的思维意识也出现了千差万别的情况。

中国人往往会运用形象思维方式来描述和表达某个事物和现象。而相比之下,西方人则习惯使用抽象的思维来表达和描述。这体现在用词上就是,汉语中多为具体的词语,而英语中多为笼统、概括的词语。对外宣文本中的这些词语进行翻译时,如果仅仅是生硬地直译,那么必然会造成晦涩难懂。例如:

Is this emigration of intelligence to become an issue as absorbing as the immigration of strong muscle?

知识分子移居国外是不是会和体力劳动者迁居国外同样构成问题呢?

在该例中,原文中的 intelligence 一词本义为"智力,理解力",muscle 本义为"肌肉,体力"。但是如果直译成这两个意思,显然不合逻辑,因此就需要将这些抽象名词做具体化的处理,符合汉语的表达习惯,这样汉语读者就容易理解了。

此外,中国人注重整体思维,而西方人注重个体思维。这也是受价值观念的影响而产生的。在中国人的观念中,整体性是最主要的思维特征,尤其体现在哲学层面,如人与自然的统一、主体与客体的统一。但是与之相比,西方人认为人与自然、主观与客观都是分离的,西方人更加突出从部分到整体、从小的层面到大的层面的过渡,他们只有了解了部分或者小的层面,才能更深层次地了解整体或者大的层面。例如:

现代的管理体制要求抓大放小。

译文 1:The modern management system requires manage large enterprises well easing control over small ones.

译文 2:The modern management system requires focus on the restructuring of major enterprises and leave minor ones to fend for themselves.

上述两种翻译都是可以的。但是对比中英文,可以明显看出英文的行文较为严谨,将原文中的"抓大放小"的整体思维方式进行淡化,明显突出了个体的作用。可见,这就需要译者对原文作者的思维方式有清晰的了解和把握。

二、政治文化因素

政治文化因素也是影响外宣翻译的一个主要因素。这是因为,外宣无小事,译者必须有正确的政治立场、政治观点来分析和深入原文,用实事求是、辩证的思维方法来处理形式与内容的关系。在传播过程中,译者也起着纽带的作用,需要对对方的政治文化有一个清晰的了解和把握,否则稍有懈怠,就可能带来不良的后果。具体来说,外宣翻译中的政治文化因素主要涉及政治思维、政治制度和政治人格三个层面。

(一)政治思维

中国传统的政治思维是尚一趋同的,西方的政治思维是多元发散的。

春秋战国时期是中国传统政治思维奠基的时期,也是最为活跃的时期,出现了百家争鸣的局面。儒家的思想主要内容是"德治主义",即以人伦关系为基础的德治和仁政。他们认为,政治问题能够得以解决,完全是依靠人格和道德的力量,从而实现内圣和外王的统一、政治和伦理的统一、政权与教化的统一。如果要想实现好的政治,就必须处理好人伦关系,如果君臣、父子都能够按照自己的责任和义务做事,那么清明的时代也就不远了。墨家的思想主要内容是尚贤与尚同。他们以小生产者的利益为重,反对世袭制度,主张人人平等。只要人有才能,那么就可以任职。道家的思想主要内容是无政府主义,他们彻底否定了当时的礼义道德与社会现实。他的思想与儒家的思想相反,认为圣人的存在导致了社会的病态,只有打倒圣人,才能使大乱变成至治。

中国传统的政治思维是从"分"开始的,然而各家都并没有体现出思维宽容的意识,他们都相信自己的思想是正确的,想用自己的思想来达到对天下的统治。但是,他们追求思想统一,这也是他们的共同目标。在各家看来,百家争鸣的现象是不正常的,这只是因为他们没有能力来将其他的思想吃掉。因此,"禁心"是最有效的方法。这样,在百家争鸣的底层,也孕育着一种综合的力量,最终催生了统一的局面。

与中国传统的政治思维相比,西方的政治思维是发散多元的。这呈现了四种景观,这四种景观与人现实政治融合在一起,对人们的政治思维产生了影响。第一,伦理学景观。这对古典古代有着主导的作用,伦理学的原则和目标主要是对政治的参透,各种组织、体制的制定主要是为了实现这一目标。第二，神学景观。这一景观在中世纪比较流行。其实际上是一个主观的前提，始终坚守上帝创造世界、上帝安排世间秩序这样的信条。而这些对于政治思维来讲，成了各个思想家各抒己见的主观性的前提。第三，法学景观。这在资产阶级革命前后到今天都非常的流行。文艺复兴运动提倡人性的力量，政治思维也从重神转移到重人，注重人性的自由、人的权利。不论其理论形态是如何的，各个思想家都表现出统一的倾向。第四，社会学景观。这在 19 世纪上半期到今天都存在的，其与上面的法学景观对现代的政治思维有重要的主导作用。19 世纪以来，资产阶级革命的猛烈冲击，西方社会守旧思想与变革思想的交战，社会出现了不稳定局面。因此，一些人开始怀疑法学景观的效力，形成了实证性与批判性两大派，而后者催生了马克思主义政治学说，该学说认为超越把政治思想限于形式政治的理念，以对形成这种观念的社会进行超越，从而获得自由。

（二）政治制度

从政治制度上来说，中西方存在着明显的差异。中国传统的政治制度是集权专制，而西方的政治制度是分权制衡。

在古代，中国人从未设想过权力关系和结构的多元与横向，他们共同的目标就是将权力关系变成纵向的关系，最终集中于一人的身上，这样的权力关系和结构就是单向化、简单化的。这种一元化的政治体制是当时思想家的共同理想，也是他们的政治心态。一体化的政治体制主要体现在：君主的至尊地位，即君主的至高无上、独一无二的权力；中央集权，即中央与地方的关系是绝对集权的关系；权力关系的单向化，即臣民应绝对服从君主，他们没有任何权力来反对或者制约君主。在这种一元化的体制下，出现了忠君的思想，臣民的情感直接指向和奉献给君主，必要时还会成为君主的殉葬品。这一理念从先秦时代开始一直延续到整个古代社会，并且从未发生改变，虽然王朝在不断更替，但是这一理念却从未得到突破,反而在不断强化,甚至每一次失败都使得这一理念更加强化,中国古人就是顺着这一思想直至整个古代社会的尽头。因此,中国传统的政治制度是集权专制的,是单一的。

与中国传统的政治制度相比,西方的政治制度是多元主义的,这当然和思想家的政治思维有着关系。同时,这种多元主义政治体制表现在,在最高权力体系的层面上还存在着与之平行的掌权者或者权力机构。古希腊城邦的典型体制是多元化的。其主要体现在对平行机构和某一机构内平行职位的设定上。罗马城邦的政治体制也是多元化的,尤其体现在三足鼎立的局面上,即人民大会、高级官吏及元老院。到了中世纪,西欧君主制的盛行使得君权成为一元化的格局,但是在大部分的时间里,君主会受到其他权利的制约,这实际上也是存在着两个并列的权力体系。到了近代,西方人普遍认同分权学说,三权分立的局面是多元化最好的体现,即将国家权力分成三个部分,三部分在三大机构的带领下相互制约和抗衡。

(三)政治人格

在政治角色和人格认知上,中国传统政治思想和西方思想是存在明显差异的。中国传统政治人格是家国臣民,而西方的政治人格是城邦公民。

在我国先秦时代,宗法制是国家的主要制度,是一个家族扩大和血缘关系政治化的体现。这种体制是从家族间的征服战争开始的,哪个家族获胜,那么他就理所当然地成为该地的主人。而天子是处于宗主的地位,是政治上的最高统帅,也是被征服土地的所有者。这就是所谓的"家天下"的理念。在这一家国同一体制的影响下,人们逐渐形成了国家和臣民的观念。

相比之下,西方的政治人格是城邦公民。在古希腊时期,公民是由特权的少数自由民,他们拥有平等的政治权利。城邦是属于公民集体所有的,所有人都可以成为城邦的主人。这明显可以体现出希腊的民主特色。同样,中世纪末期的西欧城市自治制度也是公民意识的觉醒,城市的出现也体现了公民的地位,到了现代社会,这一理念更加深入人心。

上面对比的是中国的传统政治文化与西方政治文化,但是随着时代的发展,中国近现代的政治文化也发生了变迁,从器物技能转向政治制度,再到政治文化,最终实现了马克思主义中国化。这里主要强调的是五四运动之后,中国在马克思主义先进知识分子的带领下,加强了马克思主义的宣传和学习,从而走向了一条从新民主主义向社会主义过渡的道路。改革开放之后,中国的政治文化也发生了重大改变,呈现出从家长走向民主、从人治走向法治、从臣民走向公民的格局。

虽然在当代社会,受西方的影响,中国的政治体制发生了翻天覆地的变化。但是从整体上讲,中西方的政治体制仍旧存在着明显的差异,这也就导致了很多带有中国特色的词汇对外宣翻译造成了影响。例如:

我们要坚持四项基本原则。

译文1:We need to stick to four cardinal principles.

译文2:We need to stick to adhere to the socialist road, to the people's democratic dictatorship, to the leadership of the Communist Party of China, and to Marxism-Leninism and Mao Zedong Thought.

"四项基本原则"是中国在粉碎"四人帮"之后为了肃清思想层面的叛乱而提出的。这是一个政治层面的词汇,其主要内容包含坚持社会主义道路、坚持无产阶级专政、坚持共产党的领导、坚持马列主义与毛泽东思想。如果翻译成译文1,就会让人觉得太过简单,很难理解;如果翻译成译文2,会显得特别繁杂。因此,在对其进行翻译时,应该采用译文加注释的办法,这不仅不会影响读者的整体阅读,还能使他们理解其更深刻的含义。

三、地域文化因素

在分析文化的属性时,地域属性是其鲜明的属性之一。因此,地域文化因素也是影响翻译的一个重要因素,当然也会影响到外宣文本的翻译。也就是说,受地域本源、自然现象、地理方位等地域文化的影响,外宣文本也呈现不同的特色,翻译时也需要多加注意。

(一)地域本源

中国是依靠农业为生,从古至今,中国人始终坚持以农为本,对农业生产、水利建设是非常注重的,而汉语中有很多都与农业有着密切的关系,如"小试牛刀"、"对牛弹琴"、"斩草除根"等。

在西方,以英国为例,主要是以海洋业、渔业为主,这是因为英国本身就是一个岛国,其四面环海洋,人们为了生存,不得不依靠海洋中的生物资源。因此,在英语中也产生了很多与海洋或者渔业相关的词语,如 big fish,poor fish,another kettle of fish 等。

从上面的例子中可以看出,地域不同,其文化也不一样,任何文化都离不开其所处的地域环境,因此在进行外宣翻译时应予以注意。

(二)自然现象

在表达自然现象中,中国有 24 节气,即立春、惊蛰、清明、立夏、芒种、小暑、立秋、白露、寒露、立冬、大雪、小寒、雨水、春分、谷雨、小满、夏至、大暑、处暑、秋分、霜降、小雪、冬至和大寒。这 24 节气在西方文化中是不存在的。例如,将雨水翻译成 Rain Water,将惊蛰翻译成 Waking of Insects,这两个采用直译技巧进行的翻译是很难让西方读者理解的,因此需要在直译的基础上对其进行解释。

(三)地理方位

方位也就是方向的意思,有东、西、南、北四个方向。中西文化中都有对应的词语。例如,东为 east,南为 south,西为 west,北为 north。但是,由于中西民族所处的地理位置存在差异,因此对方位的认识也存在着明显的差异。

在中国文化中,自古就有"南方为尊,北方为卑"的传统说法,因此中国人很注重"南"这一方位。例如,房屋在建设初期往往会选择南面;皇帝的座椅也往往会朝向南方放置等。与之相比,西方人则是恰恰相反的,他们认为"北"的位置绝佳,因此表达上也多倾向于北部。因此,这必然会对外宣的翻译产生影响。例如:

南北朝 the Northern and Southern Dynasties

从南到北 from north to south

在上述两个例子中,译者并没有直接进行翻译,而是从相反的方向进行的翻译。可见,译者很好地把握了中西地理方位的差异性,以便于译语读者理解。

综上所述,由于中西在社会文化、政治文化以及地域文化等层面的差异,致使源语作者与外宣受众因为缺乏共同文化背景的支撑,在源语与目的语之间形成了一条文化鸿沟,很难达成共识,从而造成了翻译的困难。因此,在进行外宣翻译时,译者需要对这些文化差异有一个清晰的把握,使源语信息得到有效传递,站在跨文化的高度来对待外宣翻译,实现对外宣传中国文化、引进外国优秀文化的目的。

第四章　跨文化视域中外宣翻译的基本原则

外宣翻译作为翻译的一种形式,也应遵循翻译的普遍原则。由于外宣翻译有其自身的特点,是一种目的性较强、追求实效与时效的翻译活动,因此除了遵守翻译普遍原则之外,还应坚持一些特殊的原则,具体包括内外有别、外外有别;凸显核心、译有所为;经济达意、形神兼备;含而不露、把握政治等原则。在跨文化视域下,一名优秀的外宣译者在外宣翻译过程中不能逐字逐句、机械地进行翻译,而应遵循外宣翻译的基本原则,将考虑国外受众的思维习惯与接收心理考虑在内,使译文易于国外受众的理解,并使他们最大限度地接受。

第一节　内外有别、外外有别原则

由于外宣翻译的目标受众主要是不熟悉汉语文化的西方人,再加上英汉两种语言之间在语言与文化方面上存在鸿沟,因此译者应对西方文化与西方人的心理思维模式进行潜心研究,对中西文化各自的特点与差异进行分析与总结,对两种文化与语言内在逻辑以及表达差别进行把握,依据西方人的思维习惯与语言习惯进行翻译,从而达到传播目的。简而言之,译者在外宣翻译过程中应做到内外有别。虽然外宣翻译的目标受众是西方人,但是他们之间在文化上也存在很大的不同,即使是所讲的英语也有一定的差异,因此外宣翻译还要求译者做到外外有别。

一、内外有别原则

英汉语言与文化存在的诸多差异要求外宣翻译工作应遵循

内外有别原则。英汉两种语言在文字系统、词汇、语法、表达等方面有很多差异；英汉两种文化在地域环境、历史条件、价值取向、社会习俗、生活方式等方面也不尽相同。因此，对于汉语读者熟悉并欣赏的语言形式与表达对英语读者可能是另一种感受与体验体验，反过来也是如此。这就为内外有别的外宣翻译原则提供了理论基础。

沈苏儒先生最早提出了"内外有别"的概念。根据他的描述，这一原则是在经历过几次反复与分歧之后最终于 20 世纪 80 年代得以恢复与确立。他指出，根据内外有别原则，有别之处通常涉及五个方面：(1)读者对象；(2)宣传目的；(3)宣传内容；(4)宣传方法；(5)语言文字。

内外有别原则的主要内容是针对不同的传播对象，通过设置功能相异的内宣与外宣机构，经不同的信息文本发送出去，希望获得不同的传播效果。

此外，就外宣翻译中的"内外有别"原则，我国的一些专家学者以及党和国家的领导人都进行过论述。

在赵浩生(2001)看来，美国的普通民众，包括很多国会议员以及政府官员对中国所知十分有限。

段连城(2004)曾说："我们不可低估外国读者或听众的智力，但也切勿高估一般外国人对我国的了解水平。"①

翟树耀(2005)提出，"把外国人当作对中国的知识一无所知准没错"②。

江泽民曾在《中共中央关于加强和改进对外宣传工作的通知》中指出，"世界上许多国家、地区和民族在语言文字、风俗习惯、生活方式、价值观念、宗教信仰和政治态度等方面与我国不同，因此不能把对外宣传的一套内容和方法照搬到对外宣传中。"

关于对外宣传工作，胡锦涛明确提出，对外宣传要做到"内外有别"。

---

① 段连城.对外传播学初探(增订版)[M].北京：五洲传播出版社,2004:78.
② 翟树耀.对外宣传报道与英语写作[M].厦门：厦门大学出版社,2001:108.

温家宝在《关于社会主义初级阶段的历史任务和我国对外政策的几个问题》中指示:"要加强和改进对外宣传工作,要善于运用灵活多样的对外宣传和交往方式,尽量使用国际社会听得懂、易理解的语言和喜闻乐见的方式进行交流,增强宣传的有效性,努力引导各方面客观理性地看待中国的发展和国际作用,营造友善的国际舆论环境。"

在外宣翻译中,目标受众主要是国外读者,他们的政治信仰、价值观念、意识形态、宗教观等都与汉语读者存在很多的不同,有时甚至可能出现不兼容的现象,因此应使译文的内容与形式最大限度地与译入语读者的文化规范与惯例相适应,实现译文的信息功能。因此,译者应把握好外国文化与外国人的心理思维模式,对中西文化的特点以及二者之间的差异进行分析,根据目标受众的思维习惯和语言习惯来进行必要的变通或处理,从而实现较好的传播效果,也就是要做到"内外有别"。

在汉语中常用的词汇,对于不了解中国文化的英语读者而言,可能难以理解,这就要求译者在翻译时应考虑语言背后的文化内涵。

翻译不仅是一项跨语言的活动,也是跨文化的活动,这就要求译者应时刻保持高度的跨文化意识,了解目标语读者的价值观念、心理特点、审美习惯以及文化文化背景知识等,将原文的信息用最适合的手法传递出来,从而提高译文的被接受程度。

二、外外有别原则

对于外宣翻译而言,除了要做到内外有别之外,还应做到外外有别。这是因为我国的外宣翻译的目标受众虽然同是外国读者,但是他们的文化甚至他们讲的英语也存在一定的差异,如美式英语与英式英语的差异。就风俗文化角度而言,我国的出口企业在对其产品进行宣传时,应注意国与国之间的不同,翻译时应考虑文化差异,避免文化误读,带来不必要的麻烦或损失。

例如,不同的国家,商标法存在一些差异。在出口商品进行品牌商标设计时，要注意符合各地的社会文化传统。例如，熊猫是一种让中国人引以为傲的动物，在欧美、东南亚也颇受欢迎，但是伊斯兰国家的人厌恶它；东方人认为孔雀是美丽的象征，但是在法国，却是淫妇的别称；中国出口的白象牌电池在东南亚国家受到了广泛的欢迎，这是因为东南亚人认为白象代表吉祥，但是在欧美市场却无人问津，因为 White Elephant 被视为累赘、无用的东西。各个国家都存在一些禁忌，因此我们在设计出口商品品牌商标名和英译的时候，应注意避开这些特殊的禁忌。

综合上述分析，在外宣翻译工作中，不能采取一刀切的政策，而应对各个国家、各个地域的经济、政治、文化、伦理等方面存在的差异加以分析与把握，提高外宣翻译的针对性。

第二节　凸显核心、译有所为原则

由于外宣翻译具有特定的目的、特殊的目标受众，因此它在翻译原则、翻译方法等很多方面都有一定的特殊性。不同社会活动领域对外宣传的目的不同，因此外宣翻译所采取的方式与策略原则都应具有一定的侧重性。这就是说译者应做到凸显核心信息。

在外宣翻译中，译者还应注重发挥其主体性。如果译者对自己所从事的翻译任务的目的没有敏感的意识，就容易靠自己的直觉进行翻译，这样译者往往只追求原文与译文在表面的对等，从而背离翻译的目的。由此可见，译者主体性在外宣翻译中的重要性。因此，译者应做到译有所为。

一、凸显核心原则

在跨文化视域下，凸显核心原则也是外宣翻译应遵循的一条重要原则。这里的凸显核心是凸显核心的信息，具体是根据国外受众特定的接受心理、兴趣以及需求，对同一类型宣传材料中的一些关联性信息适当进行调节,以突出相关的信息,取得最佳效果。关联性信息价值的提高则意味着非关联性信息的弱化或虚化。

在翻译时,语言转换的过程中,最有价值的信息得以保留。信息主要包括三种类型:核心信息、次要信息、冗余信息。

(1)核心信息。核心信息既可以是明示或暗含的概念意义,也可以是潜在的美学、文化、风格等信息。在外宣翻译中,只有很好地传达了核心信息,才被认为是合格的翻译。

(2)次要信息。次要信息通常是具有一定价值、处于从属地位的信息。在外宣翻译中,次要信息如果不对核心信息与译文的通顺造成影响,就可以进行最大程度的传达,如果次要信息与核心信息以及译文的流畅发生矛盾,则可以考虑放弃传达。

(3)冗余信息。原文中那些错误的、混乱的或多余的信息就是冗余信息。我国的外宣材料大多是国内作者所写,有很多表达在汉语中都是必要的,但是译为外文之后,由于改变了表达的方式,所以有些表达可能就成为冗余信息。在翻译过程中,译者应对这类信息予以删除。

总体而言,在翻译的过程中,译者应首先保证核心信息的传达,其次注意删除冗余信息,最后在保证译文流畅的前提下来传达次要信息。由此可知,对外宣翻译而言,信息并非保存得越多越好。在具体的翻译实践中,译者应首先对核心信息、冗余信息、次要信息这三类信息加以区分,根据自己对原文的理解,给出恰当的译文,既做到对原文的重视,还应确保译文的通顺。

应用翻译的总原则是信息突出,重视传递信息,而对感情色彩的传递并不太关注。外宣翻译被视为是应用翻译中的一种,也应遵循应用翻译的这一原则。就外宣翻译而言,其在翻译原则、翻译方法等方面存在很大的特殊性,这主要是其特殊的翻译目的与特殊的翻译受众所决定的。不同社会领域对外宣传的目的也不同,这决定外宣翻译使用的方式与策略原则具有一定的侧重性。具体而言,在外宣翻译过程中,要做到对核心信息的凸显,译者应在对原文主旨与原文精神进行准确把握的基础上,对原材料的内容加以适当的调整与处理,注意语言转换的灵活性,减少语言与文化方面的障碍,实现宣传的效果。例如:

我们 56 个民族同呼吸、共命运、心连心。

The 56 ethnic groups share the same lot.

在本例中,汉语原文所表达的核心意思是"共命运",为了增强表达的勇气,使用了三个同义结构:"同呼吸"、"共命运"、"心连心",在汉语中这是十分常见的表达方式。在译为英语时,译文对原文的同义结构做了删减,将其译为 share the same lot。由此可以看出,外宣翻译并不是单纯的、机械的英汉两种语言之间的转换,如果一味地追求形式上的一致与对等,就可能会使译文逻辑混乱、结构臃肿,甚至可能使信息丢失或走样,宣传效果更是无从谈起。再如:

6 月 15—16 日,由天津市人民政府、全球信息基础设施委员会和赛伯世纪论坛共同举办的"第三届电子商务国际论坛(中国·天津)"在天宇大酒店举行。信息产业部副部长吕新奎、外经贸部副部长陈新华、中国机电产品商会会长李慧芬、中国社会科学院高级顾问刘国光、国务院发展研究中心副主任鲁志强及天津市领导出席论坛。

On June 15—16, the Third China International E-commerce Forum(Tianjin, China)was held at Tianyu Hotel. The forum was jointly sponsored by Tianjin Municipal Government, Global Information Infrastructure Commission and the Cyber Century Forum. Present at the forum were officials and researchers from China's central government and Tianjin Municipality.

通过阅读汉语原文报道不难发现,其主要信息是与"电子商务论坛"相关的信息。此外,报道中的政府官员的罗列符合中国新闻的习惯,但是这些信息对于西方人而言则是冗余信息,因此在译为英语时,应在对核心信息进行保留的前提下,考虑译文读者的阅读习惯,对次要信息或冗余信息进行适当的删除,确保译文的流畅。上面的译文则是通过合理处理,突出了主题信息,同时迎合了目标受众的阅读习惯,使他们更容易接受。

对于外宣译者而言,对翻译的目的的准确把握有利于其对核心信息、次要信息以及冗余信息的筛选。我国的外宣材料的阅读对象是国外读者,在翻译时难以对这些中文材料的内容进行逐字逐句翻译。这是因为我国外宣材料原稿的撰写的目的是对鼓舞人心或对实际工作加以指导,其中所采用的语言和写作风格都普遍被中国读者接受,但是有些中国读者习以为常的套话在外宣翻译中可能被视为冗余信息,译者可进行删除,对材料中蕴含的国外读者可能不了解的文化背景信息,译者可以进行适当的补充。

除此之外,凸显核心信息还要求译者在外宣翻译过程中明确翻译任务的具体目的,以采取恰当的翻译策略。例如,某一单位的介绍材料译为一个英文小册子或译为影音字幕就需要采取不同的策略,译为小册子时,译者可以采取主从句式,做到严谨;译为影音字幕时,应采用瞬间可辨清意思的表达。例如,首都机场边境管理处有这样的中文提示:请出示登机牌、护照、出境登记表;相应的英文提示是:"Please Show Your Boarding Pass and Passport."由于外国人不需要填出境登记表,因此译文中则予以删除。

可见,原文读者与译文读者的需求不同,相应的语言表达也就有所不同。"翻译的目的不一定是生成一个和原文对等的文本,而是根据情况生成包含读者需要的信息且剔除冗余信息的文本。"[①]

二、译有所为原则

一直以来,翻译都以忠实于原文为首要标准,在翻译理论与实践中,都以原作与作者为中心,译者则处于从属地位,对原文亦步亦趋,忽视了译者的主体性。但是,就外宣翻译而言,翻译实践

---

① 张健.外宣翻译导论[M].北京:国防工业出版社,2013:32.

中,译者为了取得预期的效果,迎合译者受众的心理和与文化传统等,通常需要"背叛"原文,对原文进行调整,或删减,或增补,或改写,有时还需要重组。再加上随着经济社会的迅速发展,大量的新词开始涌现,要想准确地翻译新词,译者就应发挥创造力。由此可知,译者的主体性对外宣翻译的重要性。

所谓译者的主体性,指的是译者为了实现翻译目的,在尊重翻译对象的基础上,在翻译的实践中所体现的主观能动性。翻译主体自觉的文化意识与人文品格是译者主体性的本质特征。与源语适应度最高的翻译即为最佳翻译。译者的主体性的体现主要包括以下几个方面。

(1)翻译过程。翻译过程作为翻译活动的一个重要环节,是译者主体性最显著的体现。

(2)能动的表达。译者的主体性还体现为能动的表达。能动的表达可以使译者最大限度地发挥其主体性,同时还是外宣翻译中的核心环节,对译文的优劣起着决定性的作用。

(3)文化转换过程。我国外宣翻译主要是为了使目标受众明确无误且顺畅地获取材料中的核心信息,译者的主体性在文化转换过程中有十分明显的体现。例如,在拿到原文材料之后,译者应考虑如下一些问题:哪些内容应传递给目标受众;哪些地方需要对中国特有事物的背景信息加以补充;如何正确传译一些政治敏感词汇;结构是否需要调整。

虽然译者受到了一定束缚,但是与此同时,这些束缚为他们提供了发挥主体性的依据,对上述因素的考虑与处理也恰好体现了译者主体性的发挥。

在外宣翻译过程中,译者首先应对翻译委托人的意愿加以了解,以原文读者的身份来理解原文,然后还应考虑译文读者的需求与心理,从而改造或重构原文的信息。

译者在外宣翻译中发挥其自主性主要是基于以下几个方面因素的考虑。

(1)英语是形合语言,主要通过介词、关联词等来体现各个分句之间的关系。汉语是意合语言,各个分句之间从表面上看是并列关系,但是其实可能存在因果、递进、包含等关系,在译为英语时,应将原文隐含的逻辑关系体现出来。例如:

坚持实施扩大国内需求的方针,继续深化改革,扩大开放,加快结构调整,整顿和规范市场经济秩序,提高经济增长质量和效益,促进国民经济持续快速健康发展和社会全面进步。

We will continue to expand domestic demand, deepen reform, open wider to the outside world, accelerate economic restructing, and rectify the market order, thereby improving the quality of growth and promoting sustainable, rapid and sound economic development and social progress.

在对原文进行翻译时,译者在译文中增加了 thereby 一词,符合英文的表达习惯,且显得逻辑清晰。

(2)文化差异要求译者在翻译过程中发挥主体性。由于每种语言背后的文化有诸多差异,译者需要根据具体情况灵活进行处理,避免翻译中的文化障碍。例如,中国的"爱国卫生运动委员会"主要对环境卫生进行关注,并不是医疗卫生机构,因此如果译为 Patriotic Health Movement Commission 则就曲解了原文的意思,因此可以译为 Sanitation Commission。

(3)上文已提到,我国的很多外宣材料都是中国作者写的,作者在撰写的过程中通常可以不用考虑英汉英文风格的差异,但是译者如果不分内外,可能会造成译文读者的不理解。这时,译者就应充分发挥其主动性,对原稿语言进行"译前处理",也就是在对原文主旨与原文精神进行领会与把握的基础上,对原文语言进行增删、重组、编辑或加工。例如:

烟台发展(股票)违规操作,最后赔了夫人又折兵。

The irregular manipulation of the Yantai Fazhan(stock)led to a double loss at last.

汉语原文中的"赔了夫人又折兵"是一个成语,蕴含着独特的文化,在翻译时,译者应发挥其主体意识,对这一文化负载词进行适当的改写,从而达到传递信息的目的,对于译者而言,就是"译有所为"。

（4）在外宣翻译中,为了更好地应对翻译中的挑战,译者应积极主动地进行调查研究,懂得利用多种工具,尤其是网络工具。随着中国不断发展与壮大,对于中国出现的变化与特有的事物,外国媒体开始予以关注,汉语中出现的新词可能已经被译为英语,因此译者应在日常工作中不断积累这些译文作为参考。

在外宣材料中,越来越多的新词开始出现,作为一名合格的外宣译者应对外国文化与外国人的心理思维模式进行认真研究与分析,尽可能正确、达意地将其译为合适的英语,使译文读者乐于接受。

综上所述,在跨文化视域中,外宣翻译的实质是"译有所为",并不是将外宣材料的内容进行简单的语言转换。只有译者适度地发挥其主体性,外宣翻译才能获得预期的效果。在外宣翻译过程中,译者应客观地对待原文,摒弃盲信,挖掘原文的真正意义,同时考虑国外受众的接受心理与思维习惯,对文本进行合适的处理,提高外宣效果。

值得提及的是,在外宣翻译过程中,译者的主体意识一方面可以使译者更为轻松地创译,从而有利于获得跨语言与文化的佳译,给外宣翻译增添生机与活力;另一方面对译者主体意识的强调并不意味着译者在翻译的过程中以自我为中心进行随意的翻译。译者是源语文化与译入语文化的中介,其决策与选择都应在一定的框架中进行。一名优秀的译者应在翻译原则的指导下,灵活发挥主体意识,根据具体情况灵活选用翻译策略,深潜语境,给出流畅的译文。

第三节　经济达意、形神兼备原则

在语言学中,言简意赅、经济达意是一条非常重要的原则。经济达意指的是用尽可能少的字词将相应的信息准确地传递出来，使受众以最少的时间与精力获得流畅的信息。译文的经济达意既可以使读者感觉清新、明快，同时还为读者提供了认知能力的发挥空间。虽然英汉读者对信息的关注点不同，但是他们在接受书面文字信息的心理上存在着共同的特征，即都喜欢言简意赅的表达，不喜欢冗长、烦琐的文字表达。对于外宣翻译而言，经济达意原则同样重要。

外宣翻译注重对原作语义信息的传递，这并不是否定艺术性的传递，而应在传递语义信息的基础上，尽可能传递出原作美学信息或艺术性，做到形神兼备。

一、经济达意原则

外宣翻译注重反映客观事实，传递时效信息，在这一过程中需要遵循准确、简明、实用等原则，译文的表达应该遵循经济达意的原则。这主要是由英汉两种语言在行文表达上存在一些差异，主要体现在以下两点。

（1）在汉语中，原词重复十分常见。英语则忌讳重复。在对外宣传翻译中，译者应对一些与英语表达习惯不符的表述进行适当的删减，也可以适当转换用词，从而达到经济简明的效果。例如：

坚持科学发展、和谐发展、和平发展。

pursue development based on the scientific approach，harmony and peace

在该例中，原文是出自温总理的政府工作报告，文中出现了三次"发展"，是平行结构的重复，如果将其译为"pursue development according to scientific principles，maintain harmony during development and ensure peaceful development."虽然也用了三次development，但是却分别在并不平行的三个结构中出现，难以令英语读者接受，且难以把握其中心意思。为了使英语读者更好地接受，应采取交际译法来处理，译为 pursue development based on the scientific approach，harmony and peace，使译文更为简洁、流畅。

世界要和平，人民要合作，国家要发展，社会要进步，是时代的潮流。

The world needs peace. The people want cooperation. Nations aspire for development. Society seeks progress. This is the trend of our times.

在本例中，汉语原文中"要"字出现了四次，英语译文中则分别使用了 need，want，aspire for 和 seek 四个同义词，符合英语的表达习惯。

(2)汉语表达追求"雅"，通常借助同义反复或大量的强势而冗余的修饰语，形成声韵对仗，使表达更通顺，或为了起到强调作用。例如，汉语短语"彻底粉碎"、"切实加强"、"全面提高"中的"彻底"、"切实"、"全面"等皆为修饰语，可以渲染气氛，或加强语气。由于英语表达习惯与汉语存在很大的不同，英语倾向于平白的表述，从而显得客观、理性，因此上述修饰语如果直接译为英语则会显得冗余，可能会对原文想要表达的结果产生削弱作用。因此，为了使外宣译文简洁、直观，译者应对原文中不必要的话语进行适当的删减。例如：

积极推进各项配套改革。

We should press ahead with all supportive reforms.

在本例中，汉语中的"积极"、"推进"可分别译为 go ahead 和 in a determined way，而英语 press ahead 这一表达则涵盖了这两个词组的含义，因此将"积极推进"译为 press ahead 使表达更为简洁，同时有效地传递了原文的含义。

建设一支高素质的专业化国家行政管理干部队伍。

We shall build up a contingent of administrators who are highly competent and professionally specialized.

在本例中，在中国文化中，"管理干部"多用于指"官员"、"干部"，因此可以直接译为相应的英语 administrators 或 executives，显得简洁明了，而若译为 administrative/executives cadres/officials 则会显得冗余,影响表达的效果。

我们还将放宽外商投资在技术转让、内销比例和一些行业持股比例的限制。

We will also loosen our control over foreign investors in such areas as technology transfer, the proportion of the domestically sold products and the proportion of shares in certain sectors.

在本例中,汉语中的"外商投资"一词如果被译为 investment by foreign business people/business people's investment,读者读起来觉得别扭,不通顺,译文将"商"与"投资"合并为一个单词 investors,十分简洁。

贫富差距不断扩大。

The gap between the rich and the poor countries is widening.

在本例中,汉语原文中的"不断扩大"一词被译为 is widening,简洁明了,符合英语的表达习惯。

二、形神兼备原则

外宣翻译是应用翻译的一种,应用翻译注重语义信息的传递,同时也不能忽视对原作美学信息或艺术性的传递。对应用翻译语义信息传递的注重并不意味着不需要传递美学信息或艺术性,只是相对而言,艺术性传递处于次要地位。例如:

虽然火箭复杂而令人难忘,但它是一种比较简单的装置,早在 800 多年前,中国人就发明了。

Although it may appear impressive and complex, the rocket which was invented in China 800 years ago, is a relatively simple device.

本例中,译文的表达除了将原文的意思准确地传达出来之外,还遵循了英语主次信息的一般分布原则,体现了有序之美。这种美也是一种艺术审美原则。再如:

1999 年,以美国为首的北约置国际法准则于不顾,打着"避免人道主义灾难"的旗号,绕过联合国安理会,对主权国家南联盟进行了长达 78 天的狂轰滥炸,酿成二战后欧洲最大的人道主义灾难。

Ignoring the international norms and bypassing the UN Security Council and under the pretext of "avoiding the humanitarian disaster", NATO headed by the United States launched 78 days' wanton bombing against a sovereign state Yugoslavia in 1999, causing the biggest humanitarian disaster in Europe since the end of World War Ⅱ.

在本例中,汉语原文中的"置国际法准则于不顾"与"绕过联合国安理会"虽然是分开表述的,但是从语义上来看则很接近,因此译文中的 bypassing the UN Security Council 前移,与 Ignoring the international norms 放在一起,从而提高了英语的表现力,体现了语言形式的有序美。

纽马克(Newmark,2001)对文本分类进行了研究,将其分为呼唤型文本、信息型文本以及表达型文本三类,如表 4-1 所示。

表 4-1　纽马克的文本类型分类

文本类型	呼唤型文本	信息型文本	表达型文本
语言功能	以读者群为中心,号召读者按照作者的意思去行动、思考,感受或者做出反应,往往使读者群迅速理解接受的语言	提供信息,强调事实,通常使用不带个人特色的标准语言	核心功能在于说话者或者作者运用这些话语表达其思想情感,不去考虑读者的感受
语言特点	对话性质(dialogic)	合乎逻辑(logic)	富有美感(aesthetic)
文本特征	典型的外宣文本主要包括各种公共宣传品,如公示语宣传手册、政治口号、公益或商业广告等	典型的外宣文本主要包括新闻报道、报纸杂志文章以及各类报告	典型的外宣文本包括政府文件、政治演说等

续表

文本类型	呼唤型文本	信息型文本	表达型文本
文本焦点	侧重呼唤 (vocative-focused)	侧重内容 (content-focused)	侧重形式 (form-focused)
翻译原则	遵循"读者第一"的原则,适用交际翻译,把读者及其反应作为核心,注重可读性,要求做到通俗易懂	遵循"事实第一"的原则,适用交际翻译,其语言往往是中性的,没有明显的个人特征或地域色彩,力求通顺易解	遵循"作者第一"的原则,适用语义翻译,最大限度地传递原文的语义信息和美学信息
翻译目的	唤起读者反应	传递相关内容	传递美学形式

(资料来源:张健,2013)

在纽马克看来,文本类型对翻译方法起着决定性的作用。其中,呼唤型文本与信息型文本适用交际翻译,表达型文本则适用语义翻译。例如,高层政治人物的演讲属于表达型文本,在对其进行翻译时,除了忠实地再现原作的思想内容之外,还应注意保留原作中具有作者的特色的语义信息和美学信息,保留原作的异域特色。例如:

同志们、朋友们:今天,布达拉宫广场红旗飘扬,雅鲁藏布江纵情歌唱,古城拉萨披上了节日盛装。我们中央代表团的全体成员同西藏各族干部群众一道,怀着无比喜悦的心情,隆重庆祝西藏和平解放 50 周年。

Comrades and Friends, Today, the ancient city of Lhasa is covered in gala decorations with red flags flying in the Potals Square and the Yarlung Zangbo River gurgling delightfully. We members of the delegation from the Central Government, together with cadres and people of all ethnic groups in Tibet, are holding this grand celebration to mark th 50th anniversary of the peaceful liberation of Tibet with joy and elation.

　　本例原文是 2001 年 7 月 19 日时任国家副主席的胡锦涛同志在庆祝西藏自治区和平解放 50 周年大会上的演讲的开篇,译文是官方英译。通过阅读不难发现,译文与原文高度一致,原文中每个词的意思在译文中几乎都有体现。原文是政治性研究,属于表达型文本,翻译注重形式与内容的统一,译文开篇的称呼为 comrades and friends,使原文的意识形态特色得以保留,原文的第一句包括“雅鲁藏布江纵情歌唱”等方式也是几乎照搬进了译文当中。需要注意的是,语义翻译并不意味着硬译、死译,而是既要保留原文的特色,还应确保符合译文的语言习惯,调整结构,借助语法使语义逻辑化、紧凑。就语义选择而言,应根据目的语表达习惯进行适当的调整,如“雅鲁藏布江纵情歌唱”汉语意思可以理解为表达心中的喜悦之情,对节日气氛进行的描述,在译文中,为了再现原文的美学信息,体现其文采的艺术性,将“纵情歌唱”译为 gurgling delightfully,英语中有 gurgling river 这一搭配,因此译文取得了预期的交际效果。这样的翻译就体现了形神兼备原则,不仅传递了主要信息,表达简明,原文的美学形式也得到了保留。

　　根据上述分析可知,外宣话语的认同问题成为外宣翻译所面临的一个很大的挑战。外宣翻译质量的改善不仅仅局限于对诸如拼写、词汇、语法等层面的问题的解决,这些问题并不是唯一的症结,解决起来也相对容易。除此之外,还应了解外宣材料的文本类型、英汉民族的语用修辞习惯以及差异等深层次问题,根据特定的语境来进行适当的调整,通过对语言的有效利用,从而实现预期的目的。只有采取这一途径,此类语篇翻译质量的问题才能从根本上得到解决。

第四节 含而不露、把握政治原则

在对外宣传翻译时,译者应注意宣传的技巧,注意将观点与宣传意图隐藏于看起来客观、公正、中立的新闻事实中,从而获取目标受众的信任,同时符合他们接受新闻的习惯。也就是说,译者应做到含而不露,这既是一条外宣翻译的原则,也是外宣翻译的艺术。

外宣翻译一般具有较强的输出性,这主要是由其特定的受众与目的不同所决定的。我国的外宣翻译是中国主流意识、文化价值观的集中体现,可以有效反映中国的政治与文化,宣传目的较强,官方色彩浓厚。这就要求外宣译者应具有较高的政治敏感性,在进行外宣翻译时遵循把握政治立场原则。

一、含而不露原则

我国的很多外宣工作存在这样一个问题,即强加于人,想方设法将自己的想法灌输给外国受众,认为只有这样才能实现预期的宣传效果。我国对外宣传的目的是使所传播的内容被国外受众理解并接受。根据社会心理学的调查,"当受众意识到宣传者是为了自己的利益而进行宣传,而且一旦成功将会获得好处,那么他们就会产生逆反心理,宣传的效果将大打折扣。"①由此可见,对于外宣工作而言,在报道内容与报道方式上做到"含而不露"尤为重要。

例如,在我国,很多旅游景区的警示语往往以"Don't"打头英译为相应的英文,外国游客看了通常难以接受,他们游览的心情也可能受到影响。因此,这些领域的外宣工作者应转变传统的思

---

① 仇贤根.外宣翻译研究——从中国国家形象塑造与传播角度谈起[D].上海:上海外国语大学,2010:63.

维方式,对外宣工作的内在规律加以研究,提高策划意识,提高宣传艺术,既要传播中国文化,同时又要做到隐藏宣传的目的,采取受众易于接受的简洁方式,在生动的事实中呈现宣传主题。

为了提高外宣工作的效率,译者应学习并掌握含而不露原则,实现外宣预期的效果。我国学者张振华(2007)曾指出,对外传播要"讲究含而不露、引而不发,讲究软包装、硬内核,软着陆,硬效果,讲究润物细无声、潜移默化。切忌耳提面命、穿靴戴帽,切忌硬、直、透、露,切忌拔高、溢美,堆砌形容词、大话、空话、套话"①。因此,就外宣翻译工作而言,译者应注意有着明确目的的宣传与完美之间的结合;注意将结论寓于报道中,使国外受众在事物的内在逻辑中获得与宣传者相同的结论。

总体而言,在跨文化视域下,外宣翻译应注意迎合外国受众的接受心理,适应国际政治环境,确保客观地进行报道,恰当地将自己的观点融入事实的客观叙述中,做到"含而不露",淡化"翻译腔",以此达到宣传中国的目的。

二、把握政治原则

外宣材料中有关政治方面的文章的特殊性及其预期功能要求译者在进行翻译时应有高度的政治敏感性,坚定的政治立场,做到用语准确。对文章中带有政治含义的词句,更应谨慎处理,理解其中的政治立场,把握好政治分寸,确保翻译的有效性。这也体现了翻译与政治之间关系紧密,二者相互作用、相互影响。具体体现为以下两点。

(1)政治一直都对翻译具有统治与制约作用,中国始终将翻译视为为政治服务的一种有效手段。

(2)翻译在服务于政治的同时,还对政治产生反作用。有时,这种反作用在外宣材料汉译英翻译中体现得更为明显。

由此可见,外宣译者时刻保持清醒的政治头脑十分必要。

---

① 张振华.求是与求不——广播电视散论[M].北京:中国国际广播出版社,2007:333.

下面举例加以说明。

在中国，共产党是执政党，但我们非常欢迎民主党派以及无党派人士对政府工作加以监督。

In China, the Communist Party is the party in power, but other political parties or groups and personages with no party affiliation are welcome to supervise the government.

在本例中，原文中出现的"民主党派"被译为 other political partners or groups，是把握政治分寸原则的体现。西方受众由于长期受西方不正确宣传的影响，误以为在中国，共产党是专政党，民主党派与共产党是对立关系，这样他们就会将共产党和民主党派这两个词当作反义词来理解。对于中国读者而言，他们当然清楚"民主党派"一词是专有名词，具有特定的历史含义，如果将其译为 democratic parties 完全可以被中国读者接受，但是考虑到外宣翻译目标受众的特殊性，这里应将其译为 other political partners or groups，以使国外受众更好地理解。

不论外宣翻译的传播内容是什么，传播者是谁，一切的对外传播都通常被认为代表中国，在一定程度上影响中国形象的树立。因此，所有的外宣工作都代表了我国的国情、政治立场、原则等，对此，外宣译者应予以重视，避免语言上的错误。

对于那些会给中国形象带来负面影响的词语或表达，译者在翻译时可予以省略或进行弱化，消除国外受众的错误印象。例如，"中国的和平崛起"之前被译为 peaceful rise，容易使国外受众理解为"中国威胁论"，有损中国的形象，之后改译为 peaceful development，使国外受众正确理解。

根据上面的论述可知，外宣翻译对翻译内容的政治性要求较高，但是这并不意味着硬译，在保证译文忠实于原文的前提下，提高译文表达的灵活性，才能保证翻译的质量。一旦忠实绝对化，或灵活绝对化，翻译就会成为死译、硬译或乱译。目的论认为，目的决定手段，这就要求对外宣传的材料与翻译方法应注意选择性，根据不同的场合，或选译，或省译，甚至可以改译。

外宣翻译可以说是一份神圣的职业；外宣翻译人既可以被视为一位学者，也可以被视为一位政治家。外宣翻译质量的高低对外宣的效果具有直接的影响。为了提高外宣翻译质量，译者在翻译过程中应注意遵循上述提到的原则，依据这些原则制订相应的翻译策略、运用合适的翻译技巧，采取符合国外受众接受习惯的方式，努力构建对外宣传信息与目标受众之间的"认同"，最终提升我国的国际形象。

第五章　跨文化视域中外宣翻译的
　　　　　误译现象透析

随着我国社会经济的快速发展与进步,以及跨文化交流的日益频繁和加深,我国需要通过外宣工作将各种信息译成外文通过不同的方式向外发表和传播,以便让中国走向世界,让世界更好地了解中国。而作为脸面的外宣翻译是给外国人士留下第一印象的名片,直接影响我国的国际形象。正确简洁的译文会促进我国国际化建设,帮助塑造我国良好形象;反之不合格的译文不仅达不到对外宣传的目的,还容易带来误导混乱,外宣翻译的质量堪忧,会直接影响我国的对外形象,进而也可能产生负面影响。可见,在外宣工作中,外宣翻译发挥着重要的作用。某种程度上而言,我国的外宣翻译还没有发挥最理想的作用,仍然存在翻译质量不尽如人意的缺点。因此,有必要对外宣翻译中普遍存在的误译现象以及产生误译现象的原因进行梳理。本章就对跨文化视域中外宣翻译的误译类型及成因进行分析说明。

第一节　跨文化视域中外宣翻译中的误译类型

段连城(1992)将外宣翻译中常见的误译问题分为两种,一种为因外文水平不高、工作态度不够认真而造成的用词不当和语法错误,另一种为因中外文化差异所致的有碍外国读者理解的翻译错误。总结而言,跨文化视域中外宣翻译中的误译主要有语言内误译和语言外误译两种。本节就对这两个方面的误译进行阐述和分析。

一、语言内误译

语言内翻译错误主要涉及文字文法等方面的问题,主要表现为拼音错误、标点错误、拼写错误、用词不当、专有名词错译、译名不统一、语法错误、美国英语与英国英语混用等。

(一)拼音错误

拼音错误在各种旅游手册、公示语等外宣翻译材料中十分常见,其具体表现为拼音拼写错误、用拼音代替翻译和使用不恰当的拼音缩写。

拼音拼写错误多是由翻译的粗心而造成的。在中文中,有些声母和韵母的发音十分相似,如-en 和-eng,sh 和 s 等,在翻译时这些相似的发音很容易弄错,尤其是对我国南方人而言。例如,上海地铁 7 号线有一站叫"芳华路站",其在车厢显示屏中的英文表达是 We are now at Fan Hua Road Station,很显然 Fan Hua Road Station 就属于拼写错误,而应该是 Fang Hua Road Station。

用拼音代替翻译实际上就是没有翻译,这样的"翻译"也能传达任何实质的信息。例如,某酒店标示有"请上二楼用餐",但因为翻译是 Please dine on the lou 2。尚且不论冠词的误用,单就"楼"一词直接拼音为 lou 来说,使用汉语拼音来"翻译"汉语无法让外国读者明白其含义,根本达不到翻译的效果,可以说用拼音代替翻译是一种不负责的行为。这样的例子十分常见,再如开封的万岁山景区在一些宣传册上是 Wan Sui Shan,Shan 是汉语拼音,对于外国友人来说不能理解,而"山"本身是可以对应英语单词的,翻译为 Wan Sui Mountain 即可。河南省肿瘤医院把建卡充值翻译成 Jianka Value,建卡直接用汉语拼音代替,简直让人不知所云,应译为 Card Applying and Recharging。绝大部分外国人士根本不懂汉语拼音,因此这种外宣翻译根本没有起到任何作用。有些单位是为了赶时髦而采用拼音来代替翻译,以为这样更显档次,殊不知这样会适得其反。

使用不恰当的拼音缩写也是拼音错误中的一种常见情况。上海的简称为"沪",有很多关于上海的名称也常用"沪"来表示,对于中国人而言这很容易理解。但对其进行英译时直接用汉语拼音 Hu,是难以让外宣受众理解其含义的。例如,从上海通至青浦区的高速公路上的一块指示牌上写着"沪青公路—HUQING RD",这对于中国人而言理解起来并不困难,但这样的翻译外国人恐怕难以理解其含义,其正确的翻译应该是 Shanghai-Qingpu Highway,这样外国人理解起来就不难了。

(二)标点错误

标点虽小,但在语言表达中发挥着十分重要的作用。在外宣翻译中,一个小小的标点错误就有可能造成大错误,所以应对标点错误加以重视。

英文中省文撇的缺失是最常见的标点错误。例如,上海某市区一块路牌上写着"河南中路—HENAN RD(M)"。对于其中的英文部分,在确定少撇号的情况下,其既可以理解为 HE'NAN RD(M),又可以理解为 HEN'AN RD(M),这很显然会对外国游客造成误导。

此外,英文中使用汉语中的顿号"、"也是标点误用的情况。在汉语中,顿号表示略微的停顿,主要用于并列的词或并列的词组中。但这一标点符号在英文中并不存在,汉语中的顿号在英文中多用逗号来代替。例如,上海某著名物流公司的数据单上有这样的句子:"Prohibited articles stipulated in the Regulations (sic) of posts, e. g. Flammable (sic)、explosive、poisonous、liquid articles and something which is easy to be crushed、cash、correspondence or something similar to correspondence",如此多顿号的使用很有可能会让以英语为母语的人怀疑英语表达的地道性和准确性。

（三）拼写错误

在外宣翻译中,词汇拼写错误也是值得重视的问题。无论是地铁站、机场、商场、旅游景区还是路标上,常常会见到单词拼写错误。例如,以前郑州火车站候车大厅的吸烟室的译文是Smorking Room,正确拼写是Smoking。再如,著名景区的英语介绍也是漏洞百出,在洛阳龙门石窟景区有提示用语:Please buy ticket in line, then wait for the boat orderly on the deck to ticket chiecking,其中 chiecking 明显拼写错误,应该是 checking。云台山景区的英语介绍中也有类似错误的句子:Human and nature coexist harmouisly,其中 harmouisly 是明显拼写错误,应该为harmoniously。开封清明上河园的汴河河岸警示语是:水深(3米),岸陡。译文:DEEP WATER(3M)! STEEP BAND! 其中,岸应为 bank,此处错拼为 band。类似这样的低级错误,只需多一些耐心和认真就可以避免。

词汇的大小写错误也是一种常见错误。例如,万岁山景区的英语介绍中有一句子:first one in the central area of china,china首字母小写是瓷器的意思,此处是中国的意思,应是大写 China。郑东新区商务西二街翻译为 2ND SHANGWU WEST ST,应为2nd SHANGWU West St。

单词误拼貌似小错误,其实不然。单词误拼会严重影响外宣效果,甚至引起误解,因此应对其加以重视。

（四）用词不当

用词不当是指译者在翻译过程中没能认真分析原文,对原文内容理解不透彻,从而仅按照字面意思随意选词,最终造成语义模糊,不利于译文读者理解。例如:

有"山海川岛、畲族风情、宗教文化和红色旅游"四大旅游优势。

There are "mountains, rivers, seas, and islands; She ethnic

charms;religious culture;China revolution history study tourism".

因没能对原文中的"畲族风情"进行仔细斟酌,随意将其译为 She ethnic charms,很显然语义十分模糊,让人难以理解其表达的含义。其应该译为 the ethnic charms of the She nationality,这样就容易理解多了。

再如,"天涯海角"是海南的著名景点,其英文翻译是 the end of the world,但这一英文表达的意思是"世界末日"或"大难临头",面对这样的旅游景点,相信外国游客只会望而却步。

又如,"干炒牛河"这道菜常被翻译为 fuck to fry cow river,这就是因不能理解原文内容且选词不当所致。针对原材料才分析,这道菜包括嫩牛肉片和河粉,将其译为 cow river 显然仅是对字面的翻译,译者根本没有理解这道菜到底是什么,而对于外国而言,面对这样的翻译更是一头雾水。"干炒"是一种烹饪方法,在翻译这道菜名时应将其烹饪方法翻译出来,这样外国顾客就能了解其烹饪方式了。中国菜取材十分丰富,而且烹饪方式多样,并且取名抽象,还含有丰富的文化含义,因此如果仅仅采用直译法进行翻译,则无法让外国人有一个深入的了解。"干炒牛河"这道菜翻译为 stir-fried rice-noodle with beef 更为地道。常见的例子还有很多,如"麻婆豆腐"被译为 tofu made by grandma with a pockmarked face(麻脸老奶奶制作的豆腐),"四喜丸子"被译为 four glad meat balls(四个高兴的肉团),"口水鸡"被译为 mouth watering chicken,"童子鸡"甚至被译为 chicken without sexual life(没有性生活的鸡)。这些毫无美感的拙劣译文不但不符合外国受众的接受心理,也会导致译文丧失交际作用,进而影响外宣效果。

(五)专有名词错译

外宣翻译常会涉及专有名词的翻译,包括地名、企业名称等的翻译。专有名词的语用特征要求专词专用,但在翻译实践中,专有名词翻译混乱的情况十分常见。例如:

张家界国家森林公园以峰称奇,以谷显幽,以林见秀。春天山花烂漫,花香扑鼻;夏天凉风习习,最宜避暑;秋日红叶遍山,山果挂枝;冬天银装素裹,满山白雪。

Zhangjiajie National forest park is amazing for its peaks and hills, tranquil for its vales and dales, and elegant for its woods and forests. In spring, the mountain flowers are in full blossom with enticing fragrance; in summer, the cool temperature offers an escape from the summer heat; in autumn, the mountains are dyed in diverse colors with ripe fruits, and in winter, the snow-clad peaks are not to be missed.

"张家界国家森林公园"是专有名词,因此将其翻译成英文时要大写,这样才会更加规范,即 Zhangjiajie National forest park 应改为 Zhangjiajie National Forest Park。

(六)译名不统一

所谓译名不统一,指的是我国外宣翻译中出现的统一概念术语同时存在若干种不同译名的现象。译名不统一很容易误导受众,造成信息交流混乱。之所以会出现这种情况,一是因外宣翻译涉及的专名数量巨大,新词层出不穷,很多专名还没有形成约定俗成的说法;二是外宣翻译人员缺乏统一组织,而且素质良莠不齐,常常是不精心研究而想当然地翻译专名。

例如,"海上丝绸之路"就有 Silk Road on the Sea, Silky Road on the Sea, Marine Silk Route 等不同的译名。南京雨花台烈士陵园中的"忠魂亭"在不同的指示牌上分别被译为 Zhonghun Pavilion, the Loyal Souls' Pavilion。有关南京"中华门"城堡就有三种相对应的译文,分别是 Zhonghua Gate, ZHONG HUA Gate 和 Zhonghuamen Gate。但根据我国有关专有地名标志标准,"中华门"应该采用专名加通名的译法,即应统一译为 Zhonghua Gate。"海峡西岸经济区"也有 the economic development area of the Western coast of the Taiwan Straits, the economic zone on the

West shores of the Taiwan Straits，the West Taiwan Economic Zone 等多种不同的译文。而被誉为"天下第一奇山"的黄山也有三种不同的译文，分别是 Mount Huangshan，the Huangshan Mountain，the yellow Mountain。其中，Mount Huangshan 是音译加辅译，the Huangshan Mountain 是音译加直译，the yellow Mountain 则是简单的字面翻译，相较于前两种翻译，第三个翻译更加不妥，因为这样会误导游客认为这座山的颜色是黄色。

再如，"西藏中路"在地图上、指示方向的路标上和旅游图上有着不同的翻译，在地图上被译为 XiZangZhongLu，在指示方向的路标上则译为 CentralTibetRd.，而在旅游图中则被译为 CentralXiZang Rd.。如果译名不统一，外国游客就很容易陷入外宣翻译的"迷魂阵"，面对各型各色的翻译不知所措。

又如，广州道路的译名也是五花八门，毫无章法可循。"中山大道"的英文译名为 Zhongshan Avenue，而几十米外的"黄村大道"的英文译名则是 HUANGCUN DADAO。同样是路名，天河南路的英文标示是 TIAN HE NAN LU，天寿路则是 TIANSHOU RODE。同是"广园快速路"这一标示，在路标指示牌上被译为 GUANG YUAN KUAISULU，在高架桥上的指示牌上则被译为 GUANG YUAN EXPRESSWAY。都是路名，有的用汉语拼音，有的汉英混杂，有的大写，有的小写，根本无章可循。

针对上述地名翻译，根据 1999 年颁布的《地名标志牌城乡标准》，我国地名和站名都统一用汉语拼音作为标示。因此，在具体的翻译过程中译者应保持这些概念术语译名的统一，以便于外国受众理解，并树立良好的外交形象。

（七）语法错误

语法错误也是外宣翻译中应重视的问题。有时虽然知道如何恰当地翻译句子，但是在翻译实践中会不可避免地出现各种语法错误。以下就对常见的语法错误进行归类说明。

（1）名词单复数使用错误。例如，"严禁携带易燃易爆物品"

常被译为 No Carrying Combustibles and Explosive，实际上其中的 Explosive 应改为 Explosives；"旅游箱包"常被译成 tourist case and bag，实际上 bag 应改为 bags。

（2）冠词使用错误。例如，包公祠对于包拯的翻译为：Lord Bao，native of Hefei City，capital city of An Hui Province，此处英语缺失冠词和关联词，应为：Lord Bao，a native of Hefei，which is the capital city of Anhui Province。

（3）动词形式使用错误。例如，"郑州西南绕城高速"翻译成 Zhengzhou Southwest Wind Ring Expway，Wind 应该改为 Winding；"所有商品不讲价"被翻译成 All Fixed Price，No Bargain，其中 bargain 应改为 bargaining。

（4）词性使用错误。例如，"上海振华设计装潢公司"被翻译成 Shanghai Zhenhua Design & Decorate Co. Ltd. 显然，Decorate 是动词，不能修饰名词，只有形容词或名词才能修饰名词，因此应将 Decorate 改为 Decoration。再如，在对外介绍我国老年事业的发展政府白皮书中"目前已初步形成多层次、多形式、多学制、多学科的老年教育体系"这一句时，其英文译文为"Today，an educational system for elderly people that is multi-level，multi-form and multi-disciplinary with different lengths of schooling has taken initial shape."根据英语语法规则，上述定语从句 that is multi-level，multi-form and multi-disciplinary 中，三个表语应全部使用形容词形式，但其中只有 disciplinary 一词是形容词，level 和 form 都是名词。除此之外，上述翻译还存在其他错误，因此改为 "So far，an educational system with different levels，forms，disciplines and duration of schooling has taken initial shape."更加妥当。

（5）逐字死译。例如，"武夷山风景秀丽，历史悠久，人文荟萃"被译为"Wuyishan scenery beautiful，the history is glorious galaxy."这样的译文根本不符合英语语法，几乎是逐字死译，其译文应该改为："With a beautiful scenery，the Wuyi Mountain enjoys a long history and a rich culture."

（八）美国英语与英国英语混用

由于同宗同源，美国英语和英国英语在很多地方有着相同之处，但是在发音、拼写、词汇和语法方面也表现出一定的差异。例如，英国英语中的 colour，programme，traveller 在美国英语中为 color，program，traveler。在外宣翻译中，美国英语与英国英语混用的现象很多，而且不易被发觉。在上海文广新闻传媒集团上海文广新闻传媒集团的指示牌上写着"11F 计算机中心，节目库房 computer centre，program storeroom"。通常情况下，centre 为美国英语，program 为英国英语，两者尽量避免混用，而应统一成美国英语或英国英语。

将美国英语与英国英语混用，根源在于忽视了外宣翻译中的"外外有别"原则。例如，在对外宣传中的公示语方面，美国人与英国人在使用公示语时就有所差别，如对于"垃圾箱"，美国人常用 garbage can 表示，而英国人则常用 rubbish bin 表示；美国人用 pharmacy 表示"药房"，而英国人用 chemist's shop 表示"药房"。

将美国英语与英国英语混用会给人一种不舒服的感觉，就好比在中文表达中既有简体字又有繁体字一样，让人读起来感觉怪怪的。因此，在外宣翻译中应将美国英语与英国英语分开，都用美国英语，或都用英国英语，而避免将两者混用。

二、语言外误译

语言外错误即语际错误，"是由语言迁移产生的一种错误，是由学习者的本族语导致的错误，也就是母语的习惯、模式、规则等在母语转换的过程中对目的语学习的干扰性错误"[①]。虽然看上去拼写语法没有问题，但这种内伤却让外国朋友感到难懂或者不

---

① James，C. *Errors in Language Learning and Use：Exploring Error Analysis*［M］．Beijing：Foreign Language Teaching and Research Press，2001：179.

舒服,这类错误属于语言外错误。可以分为以下几种情况。

(一)语气不当

外宣的翻译效果是受不同语气影响的,如何有效再现原文语气是每一位外宣译者都应考虑的问题。如果忽视原文语气或对原文口吻把握不当,就会对译文效果产生很大的影响。

例如,《邓小平文选》已经被翻译成多种语言对外介绍中国特色社会主义的内涵,其中很多的文章都是以讲话及座谈的形式发表的,所以语气口吻是翻译实践中不可忽视的重要内容。其中有一句"谁想变也变不了",如果不假思索想当然地翻译为"Nobody can change this even if he wants to."很显然这是一个真实条件句,表示普遍存在的现象,但这里实际上是小平同志告诉全党同志党的路线、方针和政策被实践证明是正确的,不能改变。这并不是批评,而是一种告诫和提醒,所以翻译成英文语气太过强硬是不妥当的,而应改用虚拟语气,即改为:"Nobody could change them,even if he wanted to."

再以公示语的翻译为例,不同的文化习俗使中国人和外国人对公示语的反应不同。在郑州,我们也经常见到如"旅客止步"、"禁止喧哗"等公示语,中国人觉得并无不妥,但是翻译成英语应考虑到外国受众,体现人文关怀,创造和谐氛围。因为太直接的表达法在英语读者中不受欢迎,所以如果翻译成祈使句或者命令句 Guest Go No Further,Don't make noise 就会显得口气生硬,如果翻译为"Staff Only,Quiet please"就会恰当一些。河南省博物馆内禁止吸烟的提示语 No Smoking 虽然翻译不错,但却语气强硬,如果变通为静态的 Smokeless Museum,不改变语义却委婉缓和许多,与环境更为吻合。

再如,在商店、火车等地常见的标语,如"闲人莫入"、"旅客止步"常被译为 Passengers stop here 和 Strangers are forbidden。对于中国人而言,这样的标示已经耳熟能详,但对于外国人而言,这样的标示听起来好像一道命令一样。而采用地道的英语表达

Staff only 和 Employees 不仅听起来十分友好,也利于外国人接受。在不同的文化背景中,相同的话语有着不同的"礼貌等级",在外宣翻译中应确保译文与源语有着相同的礼貌等级,即使改变形式也在所不惜。

　　汉语中的否定祈使句在译成英语之后表达会非常直接,给人一种下命令的感觉,这就违反了英语国家的语用原则。对此,在翻译汉语否定祈使句时应尽量转化为肯定句。例如,在麦当劳中常会看到"请不要食用非麦当劳食品和饮料"这一标语,其英文翻译是 Consumption of MacDonald foods only;"爱护绿化,爱护环境,就是爱护自己"多被译为 The Grassland Needs Your Care,这样翻译不仅语义清晰,而且语气得当,能够达到应有的宣传效果。

(二)中式英语

　　由于中西历史背景、社会文化、思维方式、行为习惯的差异,汉译英过程中很容易出现"中式英语"(Chinglish)现象。所谓中式英语,就是按照汉语的字面意思直接翻译,译文有着明显的汉语特征,与英语语言表达方式不符。在外宣翻译中,中式英语现象十分常见,而且常会使人不知所云,在对外交流中严重影响外宣效果。

　　中式英语既不是中文也不是英语,而是一种混合的语言文字,形式上是英语,但表达却不符合英语习惯,往往是中国人看不懂,外国人也不理解。从翻译的角度而言,中式英语望文生义的英译形式,是译者受母语干扰所致的一种语言表达形式,是"硬译、死译"的结果。

　　例如,郑州一家商场把"少女贵妇装"直接翻译为 Grace lady's and expensive female attire,译为 Women's Wear 就可以了。希腊神话高级会所直接翻译为 The Myth of Greek Top Club,英语单词一一对应,意思反而差的十万八千里,应改为 The Top Club of Greek Mythology。

　　洛阳龙门石窟景区多处把票价直接翻译为 ticket price,这也

是不太合适的,因为在英语当中景点票价应该是入场费的意思,
应选用 admission 这个词。景区中的"爱护文物,人人有责"也直
接翻译为 It's duty of each of us to protect the cultural relics,实
在有失妥当,应改为 Please Protect Cultural Relics。清明上河园
的"游客安全须知"也直接翻译为了 Tourists Safety Must Know,
这种直译是十分可笑的,简洁地翻译为 Notice 即可。

　　总结而言,外宣翻译中,造成中式英语的原因主要是外宣翻
译者对号入座。"在开展对外宣传时,翻译的时候往往是按照汉
语的字面意思和语序结构,用'对号入座'和'亦步亦趋'的方法进
行生硬的'套译'。"①因译者的生搬硬套,大量的中式英语就产生
了。例如,一次性筷子(throwaway chopsticks)常被想当然地译
为 one sex chopsticks,"豆腐渣"工程(jerry built project)甚至逐
字翻译成 beancurd residue project,"打白条"(issue an IOU)译成
了 give a white slip,"内耗"(losses of manpower and material re-
sources in internal strife)译成了 internal consumption,"投资热
点"(popular investment spot)不加思考地译成了 investment hot
spot,"横向经济联系"(lateral economic ties)译成了 horizontal e-
conomic ties,"失足青年"(youth who has taken a wrong step in
life)译成了 youths who have lost their footing,"道德法庭"(con-
science forum)译成了 moral court,"钉子户"(recalcitrant)译成
了 nail household。

　　这种机械的硬译和死译,不仅起不到良好的宣传作用,有时
反而会引起误解。例如,某路口指示牌"行人、自行车横过马路请
走天桥"被翻译为 Please Use the Bridge of Bicycle and Pedestrian
for Acrossing the Road,这与正确的翻译 Pedestrians and Cyclists
Please Use the Overpass When Crossing the Road 相差甚远。地
铁门上的标示"小心站台间隙"常被翻译为 TAKE CARE OF
THE GAP,但 take care of 并没有"小心"的意思,其含义是"照

---

① 丁衡祁. 对外宣传中的英语质量虽待提高[J]. 中国翻译,2002,(4):44.

顾"或"呵护",所以应改为 be ware of the gap,watch for your steps,mind the gap 等。再来看下面例子。

本酒店设有残障人士房。

Our hotel provides handicapped rooms.

原文想要表达的意思是酒店配有为残障人士准备的房间,但译文过于拘泥于原文的结构,最终导致中式英语出现,而且让人不知所云。上述翻译应改为:accessible rooms available。

向长期以来关心、支持和帮助长春事业发展的各位领导、海内外朋友和社会各界人士,表示衷心的感谢!

…meanwhile also express my cordial thanks to the leaders, the native and abroad friends and the people from all walks of society who care about、support and help Changchun's projects development.

原文中的"关心、支持和帮助"不用逐字翻译成 care about, support and help,"长春事业发展"也没有必要一字不漏地进行翻译。原文可改译为:

I also express my gratitude to all of you for your concern and support for Changchun's development.

中国社会主义建设的航船将乘风破浪地驶向现代化的光辉彼岸。

The ship of China's socialist construction will brave the wind and waves and sail to the glorious destination of modernization.

很明显,上述译文是按照原文的拟人修辞照译的,有着明显的中式英语味道,而且搭配也存在问题。上述原文可改译为:

China will stride forward in building socialism, Like a ship braving the wind and the waves,toward the glorious destination of modernization.

(三)忽略文化差异

每个民族都创造了自己独特的文化,虽然各个民族文化间有着相似之处,但也存在巨大的差异。外宣翻译者不仅是信息的传递者,也是文化的传播者,所以外宣翻译者要考虑不同的文化背景历史、民俗风情等。在翻译时不注意社会文化差异,翻译就无法达到预期的效果。许多外宣翻译不准确的根源在于缺乏对不同文化差异的了解。

例如,省内许多公共交通工具上针对老弱病残孕的专座翻译成了 The Old Weak Sick Disable and Pregnant Only,虽然看起来没有错误,但是在西方崇尚年轻不愿老去的思维方式下,"老"这个字是不合适的。在西方,老年人往往不愿意别人说自己老,更不愿别人用老字来称呼自己,所以英语中对老人的表述总是会以委婉语代替,在翻译时巧妙避开 old 这一类的词,老人专座就可以译为 Senior Citizen First。当然我们也可以直接借鉴外国的用法,如 Please offer a seat,Priority Seat,这些也是比较合适的用法。

汉语中常会将"以外贸企业为龙头"译成 with foreign trade enterprises as the dragon head。这样的翻译存在两个方面的问题:首先,西方人心目中的"龙"和中国人心目中的"龙"有着不同的联想,在我国的古代传说中,龙是一种神异动物,象征着权威、力量、才华和吉祥,中国人常自诩为龙的传人,但在西方人心目中,则是一只长着翅膀、身上有鳞、拖着长尾、口中喷火的怪兽,是个凶恶的形象;其次,在国外并没有耍龙灯这一习俗,因此也不知晓龙头的作用。上述翻译应改为 with foreign trade firms as the locomotive 或 flagship,用众人皆知的火车头或者旗舰作比喻,意思清晰明了,问题也就迎刃而解了。

在各种场合的开场白中,中国人习惯说"尊敬的各位领导,各位来宾,女士们,先生们,朋友们",这是因为受封建传统思想的影响,中国的称呼语文化有着明显的等级制度,往往会体现个人的身份和地位等。但西方人则强调人人平等,所以将上述译为 Respectful leaders and guests,ladies and gentlemen 并不符合西方文化,因此只要根据英语习惯改译为 Ladies and gentlemen 即可。

语言中文化差异的客观存在,使得外宣翻译中很多汉语所特有的词汇、句式等在英语中找不到相对应的表达,这就导致了文化空缺现象的产生。外宣翻译中词汇的文化空缺涉及经济、政治、习俗、时尚词汇等多个领域,会直接导致翻译障碍。如果不考虑文化差异所造成的文化空缺,译出的译文就会令人啼笑皆非。例如,有人将"拳头产品"译成 fist product,将"保税区"译成 tax-protected zone,将"三角债"译成 triangular debts,将"货币分房"译为 monetary housing,将"道德法庭"译成 moral court,将"宽带网络"译成 broad-tape network,"无人售票车"甚至译成 a bus without conductors。这种随心所欲的翻译不仅违反了外宣翻译的基本原则,忽视母语读者的感受,而且也会导致经济洽谈和外交往来等活动的失利。

因文化背景的不同,中西教育体制也不相同,一些相关的概念、体系在英译时常常会混淆意义。例如,我国高等教育教育体系中有一级学科、二级学科等概念,在翻译时如果不了解这些词的内涵就容易出现误译。下面来看关于科学介绍的英文介绍:

There are also nine second-tier Ph. D. programs (English language & literature, Russian language & literature, French language & literature, German language & literature, Japanese language & literature, Arabic language & literature, translation, international relations, foreign linguistics & applied linguistics; among which translation is the only master's and Ph. D. program in China, and international relations is the only non-language Ph. D. program in a language school), one first-tier Ph. D. program (foreign languages & literature), and one postdoctoral center (foreign language & literature).

上述译文将"二级学科博士点"译为 second-tier Ph. D. programs,将"一级学科博士点"译为 first-tier Ph. D. program,这样翻译并不合适,这也主要是对我国教育体系的不了解所致。我国高等学校本科教育专业按照"学科门类"、"学科大类(一级学科)"、"专业"(二级学科)三个层次来设置。每一个大类下设置若干一级学科,一级学科下面再设置若干二级学科,一级学科与二级学科有着明显层级关系。而上述的 tier 指的是 any number of rows,esp. of seats,shelves etc,并没有体现出层级的关系。所以,根据英语习惯,直接用 discipline 表示一级学科,用 subdiscipline 表示二级学科更为合适。可见,只有了解中西文化的差异与各自的内涵,才能准确传递文化信息,避免文化的误解。

(四)政治性错误

在外宣翻译中,政治性错误也是一个十分关键的问题,值得外宣翻译者加以重视。在外宣翻译中,外宣翻译者不仅仅要握语言本身,也与国家利益、国家在国际上的话语权等紧紧联系在一起,所以译者除了要准确处理语言问题,还要掌握语言的政治含义和政治分寸,坚持政治立场,规避政治错误。

为了避免政治错误,翻译中首先要紧扣原文,不能任意删减,其次要仔细斟酌用词的政治含义与影响,要有政治头脑和敏感性,最后还要掌握分寸,用词情况要恰如其分。

但因某些外宣翻译人员缺乏政治面感性和谨慎态度,外宣翻译中时常会发生政治性误译,这不仅会影响外宣效果,也会误导受众。

"中国大陆"一词的翻译就是一个非常典型的例子。在大路的网站上,将其译为 Mainland China 的不计其数,而国内权威的英文报 China Daily 中竟有数百篇新闻报道中使用 Mainland China 来指代"中国大陆"。Mainland China 的含义就是"中国大陆",并暗指存在"中国台湾",实质上就是"两个中国",这种政治性误译影响是非常消极的,在翻译中不可取。台湾是中国领土的一部分,这是不争的事实,因此"中国大陆"翻译成 the mainland of China 和 China's mainland 立场更加鲜明,而且译文也更加准确。

在涉及国家领土、主权等重大政治问题的外宣翻译工作时,译者一定要保持清醒的政治头脑,切不可盲目翻译,否则就会造成政治误译。

就目前来看,外宣翻译中出现的错误远不止上述几种类型,但通过上述内容可能了解到我国外宣翻译中问题的多样性和复杂性。这些错误不仅影响外宣工作的效果,也不利于我国文化形象的树立。

第二节　跨文化视域中外宣翻译误译成因解析

综上分析我国对外宣传翻译中存在的各种问题,有单纯的拼写错误、语法错误等低级错误,也有中式英语、政治性误译等错误。这些错误有时是客观原因造成,如语言文化差异;有些是主观原因造成的,如译者素质不一、审校监管力度不够等。归纳起来,跨文化视域中外宣翻译误译的成因有以下几个方面。

一、受传统观念的影响

社会上的很多人都认为,只要掌握英语,并借助工具书就可从事外宣翻译工作。这种传统的观念完全忽视了外宣翻译的重要性、独特性和挑战性,认为外宣翻译工作就是简单的汉译英。实际并非如此,外宣翻译工作注重传播的效果和受众的认同,关系国家的形象与利益,覆盖面广泛,而且政治敏感性强。但是,受传统观念的影响,许多外宣翻译人员翻译能力不强,水平不高,从而导致外宣翻译误译现象严重,甚至被贻笑大方。

二、语言文化差异

(一)中英两种语言间的差异

汉语和英语是两种截然不同的语言,它们属于完全不同的语系,前者属于汉藏语系,后者属于印欧语系,因而中文和英文语言的表达方式上也自然而然存在很多差异,诸如语言习惯、句子结构等。外宣翻译中经常因为翻译人员弄混中英语言不同的差异而造成翻译的失误问题。中英两种语言间的差异体现在很多方面,如汉语喜欢排比重复强化,语言修辞方面偏爱华丽辞藻的堆砌,极尽夸张之势,英语却没有这种习惯。如果我们直接翻译则会让译文充斥空泛堆砌的修饰语,读起来不流畅、不地道,收不到预期的传播效果,甚至会有相反的效果。具体而言,中英两种语言间的差异体现在以下几个方面。

(1)汉语语势和英语不同。汉语语势比较重,喜欢强化,会使用很多的副词和形容词当作修饰说明成分,用四字格加深印象、加重语气,如果我们照搬直译,会使翻译变得冗长烦琐,甚至会有相反的效果,直接影响我们的外宣形象。例如,会议"胜利召开"如果直接译成 The meeting is now successfully convened,则会让英语读者误以为会议之前遇到了很多的阻碍,会议是好不容易才开成的。此外,中国的政府报告中常会使用"积极"、"认真"、"大力"等肯定性评价语,以强化语气,但如果直译成英语,则会使英语读者误以为中国政府不够积极、认真和切实。在翻译这些强化语时,不必保留,直接删除即可。例如,"积极发展"可译为(vigorously)developing social undertakings,"认真贯彻"可译为(fully)implement,"认真落实"可译为(conscientiously)implement。不假思索地照译汉语强化语,不仅会使译文拖沓冗长,有时甚至还会产生相反的效果,影响表达力度。

(2)汉语的审美习惯和英语不同。运用夸张、华丽的辞藻也是汉语行为的习惯和特点,有时旅游语篇中,常采用四字句,使用对称结构,引用诗词曲赋,以增添语言的韵味和美感。对于中国人而言,这已经习以为常,而且能从中感受到诗情画意般的意境。但西方人讲究务实,并不习惯这些夸张、华而不实的文风,而且也会令他们不知道所云、难以理解。对此,在外宣翻译实践中,应考虑到外国读者的语言习惯和审美心理,注重语言的平实,传达实质信息。例如,旅游广告常会用尽夸张之词,将旅游之地说成是"人间仙境,世外桃源",并直译成 earthly fairyland。但在英语中,

fairyland 指的是美妙的童话世界,因此用在这里并不合适,实际上只要译为 a retreat/beaten track away from the hustle and bustle of the city 即可,这样不仅利于外国游客理解,还能起到良好的宣传效果。

下面再来看段连城(1990)曾引述某地举行国际龙舟会的文字宣传材料的英译。

轻快的龙舟如银河流星,瑰丽的彩船似海市蜃楼,两岸金碧辉煌的彩楼连成一片水晶宫,是仙境?是梦境?仰视彩鸽翩飞,低眸漂灯流霓,焰火怒放,火树银花,灯舞回旋,千姿百态,气垫船腾起一江春潮,射击手点破满天彩球,跳伞健儿绽空中花蕾,抢鸭勇士谱水上凯歌,还有雀鸟争鸣、花卉盆景竞艳、书画工艺品琳琅满目……啊,××城是不夜城,龙舟会是群英会。

活动的组委会提供的英译文如下:

The divine land of China has its rivers flowing across; the brilliant culture of China has its roots tracing back long…

The light-some dragon-boats appear on the river as though the stars twinkle in the milky way. The richly decorated pleasure boats look like a scene of mirage. The splendent awnings in green and gold chain into a palace of crystal. Is this a fairy-land or a mere dream Looking above, you can see the beautiful doves flying about. Looking below, you can see the sailing lamps glittering. Cracking are the firecrackers, which present you a picture of fiery trees and silver flowers. Circling are the lantern-dancers, who present you a variation of exquisite manner. Over there the motor boats are shooting to their targets; thus colorful beads whirl around. Besides the birds' chirping, the potted landscape's charm, the exhibition of arts and painting, all claim a strong appeal to you. Therefore, we should say: ×× is a city of no night; its Dragon-Boat Festival a gathering of heroes.

针对上述翻译,段连城先生特意让一位美国记者进行了阅读,这位记者指出:FULL OF HYPERBOLE(充满了极度夸张),不仅没有传达实质含义,而且令人发笑。可见这样的译文是很难提起国外受众的兴趣的,外宣效果也不可能达到。

云梦山风景区内的映瑞池与映瑞门,宣传用语摘取片段如下:

映瑞池,原名三溪池,为云梦山水帘、青龙、龙背三溪汇流处,在云梦山狭谷东段垭口,鬼谷先生当年常携弟子来此习武,历代墨士骚客进水帘洞游览都过此,有迎霞聚瑞之涵,故易名映瑞池,池水清澈,碧波荡漾,朝映霞辉,暮衔星月,水色天光,鱼儿嬉戏,美不胜收,池中有一井,名曰:"鬼谷井",为缅怀鬼谷而名。

由此可见,我国旅游的外宣用语大量使用四字词、平行结构,多用夸张过分渲染的华丽辞藻,讲究音韵节奏铿锵有力,营造诗情画意。"池水清澈,碧波荡漾,朝映霞辉,暮衔星月,水色天光,鱼儿嬉戏,美不胜收"这一串美不胜收的词营造了华丽的氛围却让外国读者不知所云。池水清澈和碧波荡漾到底有什么区别呢?暮衔星月又是什么呢?估计只有中国人能够理解,但是这句子的意境又是只可意会不可言传的,对于翻译而言岂不难哉?我们将其进行简化处理如下:

The Yingrui Pond is named after Three-Stream Pond, where the three streams converge into the river in the Yunmeng Mountain valley. It is the place where master Guigu used to take his disciples to practice martial arts, and the literati and poets of past dynasties once visited. *Here tourists can watch the sunrise and sunset glow reflected in the pond. It is really an amazing spectacle.* Moreover, there is a well called Guigu well in the pond in memory of master Guigu.

长长的一个描述句子其实只需要简单翻译成一个英语句子,表达出来景色非常美就足够了。由此可见,汉语和英语是两种截然不同的语言,它们属于完全不同的语系,因而语言的表达方式上也自然而然存在很多差异和不同。在外宣翻译中要充分考虑两者的差异,否则就会出现错误和失误。

(二)中西两种文化间的差异

外宣翻译中由于文化差异也容易导致错误的出现,尤其是当译者对于中西文化知之甚少的时候就更容易出现问题。语言和文化是紧密联系在一起的,语言是表达文化的载体,语言可以表达体现文化,文化对语言也有着深厚的影响,文化体系不同,语言也会有很大差异,因此处理语言文化和翻译的关系的时候我们就要格外小心。

汉英中有些词汇虽然意义相同但对应的文化含义是完全不同的。例如,白色在英语中是纯洁的意思,但在汉语语言环境下有时指的是死亡。而有些词汇是某种文化所特有的,其他文化中并不存在对应的词汇,特别是富有中国文化特色的词语,如传统艺术、行话俚语、历史事件在英语中很难找到相对应的词。如果直译,西方读者会觉得中国的翻译难以理解,即使是看懂字面意思却难以了解字里行间的深层意思。所以在翻译过程中就要考虑如何将中文的意思表达给受众,让西方读者理解中国人熟悉的词语对于西方人来说却是十分陌生,有中国特色、有中国文化概念的词语不能简单做字面上的翻译,要进一步解释说明。这需要我们理解文化引起的差异,在翻译的过程中考虑哪些翻译对外国人是可以接受的,哪些是不容易接受的,尽量避免文化失真和文化差异的缺省所带来的翻译失误或错误。

我们来看河南淮阳的"泥泥狗"的宣传用语:

河南淮阳"泥泥狗"

泥泥狗是淮阳农村的农民用手捏制的泥玩具,几乎家家都做,人人都会动手。一进村庄,就可以看到家家的院外、屋内摆放的都是各种泥泥狗。泥泥狗是当地民间泥玩具的总称,可能源于古老的氏族社会的图腾。传说伏羲是人头狗身,"伏"字便是"人"与"犬"两字合成,所以淮阳人用泥泥狗来表达他们对人祖的崇敬。

　　这段话涵盖了丰富的文化内涵尤其是中原特色文化信息。"泥泥狗"是河南民俗的产物,是典型地方特色,但在西方并无对等词汇,国内主流的汉英词典对此也无收录,从目前查询网络词典的结果来看也是一片空白。如果完全采用音译,译为 Ninigou 或 Ni Ni Gou,均会增加西方读者的文化障碍,让西方人理解无能,并产生文化排斥感拒人千里之外。如翻译为 muddy dog,给西方读者的印象不过是"一条浑身是泥的狗",容易让西方受众对中原文化产生误读:为何淮阳人民要拿脏兮兮、浑身是泥的狗来做工艺品,作为艺术创作和欣赏的对象? 因此,翻译时要充分考量这些因素,如何将所选因素在目的语中用相对最合适的方式加以表达。

　　而本段文字中提到了"伏羲",且并未就"伏羲"给出任何解释,西方读者仅能得知的是"传说伏羲是人头狗身",而不知道"伏羲"二字背后的远古与尊崇,这才是当地文化最重要的文化内涵。因此,简单音译不足以传递这种深层的文化信息,更不足以让西方读者意识到"伏羲"在中原文化中的地位,很可能误导西方读者认为"伏羲"不过是"人头狗身"的普通神灵,甚至可能将其理解为"怪物",从而发生文化误读。因此,我们翻译的时候有必要对其采用音译加注释的形式加以传达,以补充这些必要的文化信息。我们试译如下:

"Clay Puppies" of Henan Huaiyang

"Clay Puppies", the handmade clay toys, are so popular in Huiyang that almost each local household is a workshop. As the collective name for all local clay toys, "clay puppies" may have originated from totems of ancient communities of clans. Huaiyang is the native land of Fuxi, a legendary ancestor who was said to have a human head and a dog body. One of the two Chinese characters making his name indicate the combination of "human and dog" is one of the evidences as some people believe. Clay Puppies, therefore, symbolize the honor dedicated by the local people to ancestor Fuxi.

这里把"泥泥狗"翻译成 clay puppies,能够表现其文化内涵与范畴。首先,符合西方文化内涵,容易理解,在西方的圣经文化中,上帝用 clay 创造出了人类,并将生命的气息吹入其鼻孔赋予其生命,这是充满美感与神圣感的过程。因此,clay 一词并不像 mud 这样给人泥巴的感觉,而是很神圣的。其次,puppy 用来指比较可爱的小狗,英语中经常用 puppy love 指小孩子的早恋,puppy 在西方文化中表达的是"令人喜爱"之意,从而给人"供喜爱、欣赏之物"的人文意象,比较接近淮阳"泥泥狗"的文化实质。组合在一起给西方读者营造的是"用土创作的,小狗的形状,令人喜爱欣赏的东西"的文化意象,从而避免文化上的审美错位。同样,也避免了因单纯音译而造成的文化排斥感,更容易为西方游客理解和接受。

(三)中西两种社会间的差异

中西两种社会本质的意识形态是完全不同的,西方是资本主义制度,我国是有中国特色的社会主义,资本主义的意识形态和社会主义的意识形态是截然不同的甚至是对立的。自然对外时不能用我们熟悉的马列主义和社会主义去宣传,更不能用我们特有的意识形态去教育外国人士,翻译也绝不是教育工具,只是传播的工具,我们要用翻译来介绍中国,让更多的外国人了解中国。而在涉及意识形态、政治等问题上,我们必须仔细权衡,注意分寸。

我们党的十六大报告中提出了全面建设小康社会的奋斗目标,对于"小康社会"的翻译是 a well-off society,但是这个翻译会让西方读者产生误解,并不符合我们国家的实际国情。因为 well-off 在西方的社会语境下是指比较有钱的意思,well-off 的英语解释是 having a lot of money,西方人会误以为我国已经很富有了。十七大报告的英语翻译稿中将对"小康社会"一词的翻译更改为 a moderately prosperous society 或 a relatively comfortable life,这个翻译更能反映我国现在实际的经济社会情况。而且"为我国的现状做出了准确的定位,清晰地对外表明了我国正处在并将长期处在社会主义初级阶段,我们的发展还不均衡,我们在未来的目标是'全面建成惠及十几亿人口的更高水平的小康社会'。修改后的译法避免了模糊的概念,反映了我国社会的主流意识形态"①。

三、译者素质不一

随着中国国际的快速增长以及跨文化交流的日益增多,中国外语人才的培养开始呈现出爆炸式发展。但我国外宣翻译起步较晚,相关理论体系尚未完善,高校也缺乏外宣翻译翻译人才培养的项目,所以从事外宣翻译的专业人才并不是很多。通常,国家级主流媒体中的外宣翻译质量较高,但地方性的外宣翻译则存在诸多问题,总体而言我国外宣译者的素质参差不齐。不少译者英文功底不足,对所译对象不了解,仅凭一知半解就草率翻译。例如:

雅士利豆奶粉是以精选东北优质大豆、鲜牛奶、鸡蛋、白砂糖为主原料,经先进工艺精制而成。本品营养丰富、均衡,富含植物蛋白及人体必需的多种维生素、矿物质,香气浓郁,是老少皆宜的全天然饮品。

YASHILI SOYBEANMILK POWDER is made from selected northeast soybean, fresh milk, egg, sugar and refined with high-class processing technology. It is nutritious, balance, high contains vegetable protein, vitamins, and minerals that need for human body. It has a good taste and is a natural drink that both for the young and the age.

---

① 马昱娇,陈智尧.试论意识形态对翻译的操控——以中共十七大报告英译稿为例[J].长江师范学院学报,2009,(2):65.

上述译文中光用词错误就有好几个，"先进"、"富含"、"老"都被错误地译为 high-class，high contains，age。语法错误也非常明显，如形容词 nutritious 不能与名词 balance 并用，"人体必需的多种维生素、矿物质"被误译为"... vitamins，and minerals that need for human body"等。这样的翻译不仅不能让外国读者了解其含义，而且也达不到预期的宣传效果。

中宣部副部长、国务院新闻办公室主任王晨在中国翻译协会第六次会员代表大会暨新中国翻译事业 60 年论坛上指出：翻译是一个国家对外交往能力和对外传播能力的重要组成部分，增强国家软实力建设，提高对外传播能力，向世界更好地说明中国，必须高度重视翻译工作。……但从目前看，中国对外文化交流和文化传播严重"入超"，"文化赤字"很大，其中一个重要原因就是缺乏足够的高素质专业翻译人才。从市场整体情况来看，合格的翻译人员还是供不应求。就翻译本身的质量而言，高素质、专业化的翻译人才，尤其是中译外人才的队伍严重匮乏，真正高水平的翻译只占翻译及相关从业人员的 5%。

外宣翻译涉及语言、文化、政治等诸多方面，稍有不慎就会达不到翻译效果，甚至会有损国家形象。因此，外宣翻译的工作性质就决定了其具有一定的难度和挑战性。

在我国，外宣翻译属于一项新开创的事业，而这项新事业的发展需要理论的支持。尤其是外宣翻译的政治性特点，决定着外宣翻译者必须具备较高的理论水平、扎实的业务功底。但实际上，我国受过专业训练并精通英语的复合型人才并不多，很多的外宣翻译人员没有接受过专业规范的培训，翻译水平也不高。总体而言，我国外宣翻译人才还十分匮乏。

四、审校监管力度不够

社会对外宣翻译需求的加大使得我国外宣翻译行业出现热闹非凡但鱼龙混杂的局面。外行人看来只要会英语就可以从事翻译，殊不知外宣翻译领域对专业性要求很高，没有坚实的语言功底、极强的跨文化交际能力和丰富的翻译实践经验,是无法胜任这项工作的。既然是专业领域,就需要有符合行业规范要求的审校和监管。

但我国外宣翻译的门槛并不高,而且地方性外宣翻译审校监督情况也不容乐观。一方面,有关单位对外宣翻译的了解不够,也不够重视外宣翻译,所以没有对此投入足够的人力和物力,致使多数基层外宣单位没有专职的外宣人员,无法保证翻译质量;另一方面,现在外宣翻译这一行业发展得并不成熟,缺乏有效的准入机制和评价体系,使得一些并不具备翻译资质的人员混杂其中,造成对外翻译质量的下降。

因监管不力,一些译员难免会因追赶翻译速度而牺牲翻译质量,这在无形中就降低了外宣翻译的交际效果。甚至有些部门和机构因对外宣翻译的重要性认识不足,片面地认为外宣翻译仅仅是形象工程,无须反复审校,因此随意请人翻译,有的甚至仅通过翻译软件进行翻译,结果只能是译文错误百出。

凡此种种要求各级领导和外宣机构,一方面要重视外宣翻译工作,加大投入,不断培养具有高素质的专业外宣翻译人才,同时动员丰富的智力资源,采用"走出去"和"请进来"的方法抓好外宣译者的培训和储备工作;另一方面亟须成立相关审校和监管机构,建立对外外文工作的检查、咨询、审核等机制,使其制度化。[①]各翻译部门应规范翻译制度,建设有责任感的翻译质量监督管理部门,以此对外宣翻译人员的职业道德等进行管理和监督,只有这样才能培养更多、更加专业的外宣翻译人员,也才能进一步提高我国外宣翻译的整体水平。

某种程度上而言,外宣翻译就是全方位地向世界展示中国形象,就此意义而言,外宣翻译中出现的各种误译现象不仅仅是语言方面的问题,而且是展示中国形象的战略性问题。这就需要外宣翻译者不仅要关心不同语言文字间的转换问题,还要重视跨文

---

① 王继慧.当前外宣翻译存在的问题——基于目的论视角[J].郑州航空工业管理学院学报,2010,(2):19.

化交际方面的问题,同时要关心意识形态等制约翻译行为的诸多问题,唯有这样才能提高外宣翻译质量,达到外宣翻译的交际效果。

第六章　跨文化视域中外宣翻译的策略

随着全球化进程的逐步加快,我国同世界其他各国的联系日益密切。在此背景下,我国国际地位也得到了很大的提升,国际影响力也显著提高。汉民族文化凭借其博大精深的文化内涵和丰富多彩的文化独特性吸引了海量的国外游客。而外宣文本作为不同文化背景下人们交流思想文化和增进相互理解的媒介,对文化的推介和宣传起到了非常重要的作用。这些文本的翻译甚至还关乎我国的国际形象的展示、立场和政治主张的传播等。因而,要想实现好的翻译效果,就应兼顾到语言和文化等多个层面,以实现最佳传译。本章就围绕跨文化视域中的外宣翻译的策略进行研究和分析,具体包括语言层面的翻译策略和文化层面的翻译策略。

第一节　语言层面的翻译策略

外宣资料文本的翻译旨在实现不同文化间人们基于某项文化内容的沟通和理解。在翻译过程中,不仅应力求语言准确以忠实地传达这些文化内容,还应力求实现语言表达的最优效果。因此,作为翻译工作者,就应对翻译策略有足够的认识和把握,并采取恰当的翻译策略进行翻译。本节就围绕一些常见的语言层面的翻译策略进行探讨和分析。

一、词汇层面的翻译策略

语言中的词汇可以说是一个信息单元或信息载体,并且往往承载着丰富的语义。外宣文本中的词汇亦是如此。那么,在对这些词汇进行翻译时,最基本的就是要进行全面、完整的信息传递,使这些文化信息能等量、顺利地传递给目标语读者。下面就结合一些常见的切实可行的翻译策略对外宣文本的翻译进行分析。

(一)信息对等类翻译

1.信息对等翻译的内涵

信息对等翻译是以信息对等理论为指导的一种翻译策略。通常,文体类型不同,其对应的翻译理论也存在着诸多的不同。根据美国著名的翻译家尤金·奈达(Eugene A. Nida)的观点,翻译的重点不应是语言的表现形式,而应当是读者对译文的反应。尤金·奈达的功能对等翻译原则要求在具体的翻译过程中,应做到译文同原文间的信息对等。

2.信息对等类翻译策略的几种情况

在具体的翻译实践中,信息完全对等只是一种理想的状态,要想实现译文同原文间的信息对等这一理想状态,并非易事。而应根据具体情况采用多元化的方法进行翻译。下面就结合信息完全等义策略和信息部分等义策略进行具体分析。

(1)信息完全等义策略

信息完全等义策略主要适用于那些外宣材料中词义上基本上等同的外宣文化词汇的翻译,甚至其中的相当一部分词汇就是外来的互借词汇。针对这类外宣词汇,在进行翻译时,无须做进一步的解释,只需在译入语中找到已经存在的对等词,直接拿来用就行。例如:

property trust 物业信托

financial statement 财务报表

Barclay Bank 英国巴克利银行

European Union (EU)欧洲联盟,即欧盟

双赢 win-win

表面文章 surface formality

小康社会 a well-to-do society

希望工程 Project Hope

观光隧道 tourist tunnel

第三者 the other man or woman

交钥匙工程 turnkey project

菜篮子工程 Vegetable Basket Project

三个代表 the Three Represents

双手勾 hook hands

金铰剪 gold scissor's winding

虚步 empty step

盘腿跌 sideway falling on a twisted leg

弓步 bow step

和平崛起 peaceful rising

与时俱进 keep pace with the times

四项基本原则 the Four Cardinal Principles

科学发展观 the Scientific Outlook on Development

和谐社会 harmonious society

邓小平理论 Deng Xiaoping Theory

无产阶级专政 dictatorship of the proletariat

（2）信息部分等义策略

信息部分等义的词汇具体指的是源语和目的语仅在词汇意义方面对等，但在语义、语法、语体等方面的意义不一致的情况。针对这一情况，在翻译时不仅要注意词性、感情色彩方面的词传译，在翻译过程中还要注重传达词汇的使用场合。口语化的语言在翻译过程中就不能翻译得很正式，而应根据具体情况进行翻译。例如，应将"宰客"译为 rip off 而非 overcharge the customer。类似的例子还有很多。

卧槽族 job hugging clan

帅哥 cute guy

哄抬物价 jack up price

扒分 moonlighting

这样的翻译不仅更加口语化,而且达到了生动、传神的效果。

(二)采用最贴近的对等词翻译

1.对等翻译理论

采用最贴近的对等词进行翻译在很大程度上是借鉴美国翻译理论家诺伊贝特(Neuburt)的对等翻译理论。根据其观点,翻译中的对等成分可以被看成一个符号范畴。该范畴涉及符组成分、语义成分以及语用成分这三大模块的内容。这一理论对跨文化视域中的外宣词汇的翻译具有很强的指导意义。

2.对等翻译在外宣翻译中的运用

有一些汉语文化下的特殊词汇在英语中没有完全相同的对等词,为了使译入语读者对译语的反应同源语读者对源语的反应尽可能地保持一致,在翻译的过程中,翻译工作者就要尽力寻找与译入语中最贴切的对等词进行翻译。例如,在对中国特色词汇"中国梦"进行翻译时,首先可以对该词进行分析,将其译成英语时,可先仔细寻找在英美国家的政治文化中有没有与该词汇在思想内涵表达层面类似的词汇。通过思考不难发现,美国有名的民权运动领袖马丁·路德·金(Martin Luther King)在其演讲 *I Have a Dream* 中,提出了 American dream(美国梦)这一说法,那么在翻译过程中,就可以借鉴这一说法,将"中国梦"译为 Chinese dream 这一最贴切的对等语。

(三)词义信息冗余的翻译

1.信息冗余的内涵

冗余信息是信息论中一个具有重要作用和意义的术语和概

念。众所周知,在信息具体进行传递的过程中,受到噪音等诸多因素的干扰,可能会导致一部分信息失真,为了使信息能得到有效地传递,人们在进行交际的过程中,总是有意识或无意识地扩大信息量,这样一来,就无形中产生了大量的冗余信息。

尤金·奈达等人认为,通常情况下,信息冗余度所占的比例大约为百分之五十,这些信息冗余有时会给人们的信息传递者和接收者带来很大的负担,但是,在一些情况下,只要能对这些信息冗余进行恰当的处理,冗余信息更为便于对文本的理解。甚至信息冗余还有利于使可能出现的语义过载或形式过载的现象得以缓解。具体如图 6-1 所示。

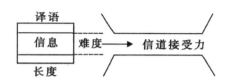

图 6-1 信息冗余因素对语义过载、形式过载的缓解作用

(资料来源:李华田,2009)

2.基于词义冗余的外宣翻译

在对跨文化视域下的外宣文本进行翻译时,也经常会遇到针对词义信息冗余情况的翻译。具体而言,在对外宣词汇进行翻译时,应对英汉两种语言的特点进行具体分析。通常,汉语的语法没有英语那么精密,汉语词汇的词性变化也没有分明,词形变化也没有英语那样富于变化。那么,在将汉语词汇翻译成英语时,应避免生搬硬套和望文生义,而应对译入语读者的思维习惯给予充分考虑,并对原词汇进行适当的加工和删减,来规避所译内容冗余这一情况。例如:

要牢牢抓住经济建设这个中心,坚持聚精会神搞建设、一心一意谋发展,不断解放和发展社会生产力。

We must firmly commit ourselves to the central task of economic development, concentrate on construction and development, and keep releasing and developing the productive forces.

在对本例进行翻译时,汉语中的表达"聚精会神"、"一心一意"意思相近,汉语运用这样的语言表述旨在起对仗和强调作用,在翻译成英语时,仅将其译为 concentrate on,没有必要在译文中再次重复,类似的例子还有很多。再如:

将"收银台"译为 cashier 而非 cash desk

将"保护伞"译为 umbrella 而非 protective umbrella

将"开胃菜"译为 appetizer 而非 appetizer course

(四)解释性释义策略

1.释义理论的内涵

解释性释义策略是以释义理论为基础而提出来的翻译策略。释义理论是在 19 世纪 60 年代由塞莱思科维奇(Mr Selebi Cisco)提出来的,这一理论后来得到了广泛的发展。

根据释义学派的观点,语言可以被进一步分为词义、句子与语篇这几大层次。词和句层面进行的翻译仅仅是以语法为基础而进行的表层翻译。这种翻译方式实际上是摆脱了语境而进行的逐字对应的翻译。该理论将意思作为其核心,并将正确理解可区分语言意义和非语言意义作为关键点。外宣翻译旨在实现将中国的国情、历史、文化等介绍、传播到国外,其工作开展的前提是要认真研究、解读外宣材料的文本内容,重点是在理解中西方文化传统的基础上来解释、说明中国。

2.解释性释义策略的运用

在具体的外宣翻译过程中,通过解释性释义进行翻译时可以适当增加一些时间、概念、背景方面的知识,表达出原文中的隐含信息,帮助国外读者理解材料内容。例如:

将"砸三铁"解释翻译成 to break Iron Rice Bowl,Guaranteed Wages and Permanent Position

将"坚持老虎苍蝇一起打"解释翻译成 crack down on tigers

and flies

将"西施"解释翻译成 a famous beauty in the late Spring and Autumn period in ancient China

将"炎黄子孙"解释翻译成 The descent of Yan Di and Huang Di(All the Chinese people are supposed to be descents of Huang Di and Yan Di, two chiefs of famous ancient tribes in the Huanghe River Valley.)

将"旗袍"解释翻译成 a close-fitting woman's dress with high neck and slit skirt

将"五讲四美三热爱"解释翻译成 the movement of "five stresses, four points of beauty and three aspects of love"(stresses on decorum, manners, hygiene, disciplines and morals beauty of mind, language, behaviour and the environment; love of the motherland, socialism and the Communist Party)

类似的例子还有很多。再如：

中国共产党第十七次全国代表大会，……为夺取全面建设小康社会新胜利而奋斗。

The Seventeenth Congress is one of vital importance being held at a crucial stage of China's reform and development … and strive for new victories in building a moderately prosperous society in all respects.

在对本例中的"小康"这一中国特色的文化词汇进行翻译时，要想更利于目的语读者理解，应对其文化渊源有更好的理解，在理解的基础上进行解释。"小康"有着比较久远的文化渊源，它源自我国《诗经·大雅·民劳》，其中记载有"民亦劳止，汔可小康"，意思是"百姓忧劳，祈求安康"。译文中将"小康"译为 moderately prosperous，表达出"殷实、富裕的中等水平生活"，这种翻译就采取了解释性翻译的方法。同样的，"绿色奥运、人文奥运、科技奥运"是我国申办 2008 年国际奥运会的口号，有人将其译为 Green Olympics, Human ism Olympics and Technology Olympics，但这样的翻译对于国外的目标受众而言则是典型的中式英语,会令他们感到可笑。因此,有学者通过解释性翻译将这一口号译为 Environment friendly, Culture-enriched and Technology-propelled Olympics,不仅在形式上对应原文,而且体现了这一口号的真正内涵。

(五)音译策略

1.音译策略的内涵

音译策略是指运用译语中同原词发音相同或近似的词语来翻译原词的策略。音译策略是一种译音代义的翻译策略。这种翻译策略在跨文化视域下的外宣翻译实践中得到了广泛、具体的运用,并发挥着举足轻重的作用。

我国学者熊欣也认为,音译是"原语中的某些文化词或意象在译语中空缺,而翻译时难以用简洁的译语加以表述时,常把这些特定词汇的发音转换成译语中相同或相近的语音或汉语拼音形式"。

在外宣翻译中,针对只在一种语言中独有而另外一种语言中存在空缺的词汇,同样也可以采取音译策略进行翻译。

2.音译策略在外宣翻译中的运用

将音译策略运用于跨文化视域下的外宣中也有很多优势,译者可以将一些具有特殊文化特色的词语"移植"到译语文化中去,从而使其逐步为译语读者所了解及接受,促进跨文化语言交际活动的有效进行。例如:

胡同 hutong

衙门 yamen

荔枝 litchi

人参 ginseng

风水 fengshui

磕头 kowtow

八卦 bagua

秀才 xiucai

蹦极 bungee

炕 kang

茅台 maotai

琵琶 pipa

二胡 erhu

锅贴 guotie

不折腾 buzheteng

（六）音译加解释策略

1.音译加解释策略的内涵

在外宣翻译过程中,音译加解释也是一种比较常见的翻译词汇的策略。具体而言,这种翻译方法是先将汉语中的词汇按照其发音并以恰当的方式翻译成英语词汇,然后再做进一步的说明和阐释。

2.音译加解释策略在外宣翻译中的运用

音译加解释翻译策略适合于翻译文化负载词和一些富有民族特色的词汇。运用这一策略进行翻译,不仅能最大限度地接近原词汇所具有的指称意义,而且对传播源语文化也非常有利。例如:

将"法显"翻译成 Faxian（an eminent monk in Lengend of An Eminent Monk）

将"海南"翻译成 Hainan, China's second largest island, next to Taiwan

将"济公"翻译成 Ji Gong, Robin Hood in China

将"深圳"翻译成 Shenzhen, China's first special economic zone

将"伏羲氏"翻译成 Fuxi（a lengendary king in ancient China）

将"张生"翻译成 Zhang Sheng（a poor schoar in Romance of the West Chamber）

将"雷"翻译成 lei Literally thunder/lightning，used to express shock or being shocked

（七）按照国际惯例翻译

长时间以来，不同民族的语言受到其历史文化等各个层面的影响，已经形成了与其民族文化相匹配的、根深蒂固的话语习惯和体系。在外宣翻译过程中，应对这些国际上通用的惯例有一定的了解和认识，尽量使译语同国际惯例并轨。例如：

应将"保税区"译为 free-trade zone 或 bonded zone 而非 tax protected zone

应将"外向型企业"译为 exportorited enterprise 而非 external directed industries

应将"入境事由"译为 Purpose of visit 而非 Your main reason of coming to China

（八）译借策略

1. 译借策略的内涵

译借策略就是将汉语词汇借助于翻译手段逐词借用英语的表述形式。恰当地运用译借策略对于丰富目的语词汇和加强文化间的交流大有裨益。

根据我国学者欧阳笃耘的观点，由于各民族间多渠道、多层次的交流以及不同文化间的相互碰撞，语言作为文化间相互沟通和交流的载体，其在被用来学习并吸收外国文化的同时，其本身也作为一种文化现象被借用。同时，根据我国学者廖开洪、李锦的观点，被译借的外来语所代表的都是汉语固有词汇中所缺乏的概念,虽然关于外来词的译借一直以来都存在着所谓的有关"音译"和"意译"之间的争论,但是,不管是音译还是意译,译借来的外来词,它们的使用环境和使用者都切切实实地存在于汉民族文化语境中,译借法的唯一宗旨就是与中华民族的文化心理相符,并且与中国人的思维方式也是相顺应的,并借此来满足中国人对外来语的认识与使用。

跨文化视域下的外宣翻译亦是如此,要想更好地实现汉语中独具特色的文化的传播,不仅应最大限度地传译汉英语词汇的文化内涵,还应符合目的语文化人们的认可并便于其使用。如果翻译不当,可能还会导致误解甚至遭到外语文化下人们不同程度地排斥,以致会因为缺乏生命力而销声匿迹。因此,在翻译过程中,应务必保持汉语本族语言、文化因素等能被精确、有效、贴切地译为目的语。

2.译借策略的运用

译借策略在跨文化视域下的外宣翻译中得到了广泛的运用。一些体现改革开放时代特色的词汇以及一些用来表达传统文化的词汇经常采用这种翻译策略来译。例如:

三角债 chain debts

铁饭碗 iron rice bowl

流动人口 floating population

经济[发展]特区 special economic（development）zone

中草药 Chinese herbal medicine

五经 Five Classics

四书 Four books

高考状元 the champion 或 the best examinee

应试教育 Test-oriented Education

(九)对旧词语义进行拓展

在中国英语中,还存在着一些词汇或短语。这类词汇是将汉语意思翻译成英语后而生成新的英语意思,表现出明显的民族色彩和区域色彩,通常能使英语的目标读者有种回味无穷、耳目一新的感觉。同时,这种对旧词语义进行拓展的翻译策略还有利于中国文化或区域文化包括中原文化的对外传播。例如:

人山人海 people mountains and people seas

燕窝 birds nest

赤脚医生 barefoot doctor

(十)"化"字新词的活译

很多外宣文本中还存在着诸多带有后缀的"化"字新词。例如,企业化管理、知识社会化、领导核心年轻化等。在对这类词汇进行翻译时,也应采用灵活多样的翻译策略,否则很容易造成词不达意的情况。对这类词汇进行翻译,比较常见的策略有以下几种。

(1)使用英语后缀-driven,-based 或-oriented 来构词。例如:

教育产业化 (to build) a knowledge-driven society

国民经济信息化 (to build) an information-based national economy

(2)运用英语中的比较级的形式来翻译有后缀的"化"字新词。例如:

保证决策的科学化、民主化。

To ensure the decision-making more scientific and democratic.

(3)根据语境进行灵活翻译。例如:

科研成果产业化 apply scientific research results to industrial production

领导核心年轻化 make the ranks of cadres younger in average age

(十一)借用英语中的对应词缀

对于很多外宣材料中出现的传媒新词,还可以借用英语中的对应词缀进行灵活翻译。例如：

追星族 star-cashier

防伪标志 fake-proof mark

无核区 nuclear-free zone

刷卡族 card-user

免提电话 handfree phone

环保型汽车 eco-friendly car

（十二）用词多元化

汉语文化在表述中经常会使用重复的词语，但英语中却很少重复，为了使翻译出的英文更加地道，因此在面对汉语的重复词语时要变化用词，从而符合英语的表达习惯。例如：

……国防工业实行军民结合、平战结合。

…combining production of wartime products with peacetime products and integrating military with civilian purposes.

该例中，原句中出现了两次"结合"，译文分别译作了 combining 和 integrating，体现出了译文的灵活性。

英汉两种文化中都存在着很多与"假"相关的含义表达，但是在翻译时所用词汇却存在着诸多不同。例如：

假钞 counterfeit money

假新闻 pseudo-event

假钞辨别仪 currency detector

二、句子层面的翻译策略

（一）调整原句结构改译

1. 改译策略的内涵

改译是指译者充分发挥主观能动性，根据外宣的特定目的，权衡、考量原文的方方面面，从而进行适当的筛选、调整和取舍。

有时,甚至要抛开原文的字面意思进行重写。

2.改译策略的优势和运用

使用改译策略进行翻译具有以下几方面的优势:其一,有些原文词不达意,或逻辑混乱,需要重新进行调整;其二,即使原文条理清晰,语义明确,但是因为文化的不同,不符合译文读者的阅读习惯和表达习惯,也要按"中国人写给中国人看"的原文进行改写,不可按照字面意思进行直译,否则会使译文语言重复、累赘、拖沓。

这种翻译策略在跨文化视域下的外宣翻译中得到了很好的运用。下面就结合典型的例子进行分析。例如:

尊敬的领导,各位朋友,各位来宾:

在湖南省委、省政府的领导下,在怀化市委、市政府的亲切关怀和具体指导下,在全球反法西斯战争胜利六十周年纪念活动的推动下,在各界爱国人士及兄弟单位的支持下,我们今天在这里隆重举行中华民族抗日战争胜利六十周年纪念活动暨芷江第二届国际和平文化节。

(怀化市委宣传部原稿)

上述材料是典型的"中国特色"的宣传稿,文章套话连篇,"官味"十足,如果按照字面意思翻译,既冗杂拖沓,又达不到对外宣传的效果。因此,译者可对原文大胆进行压缩整合,按照符合译文读者的阅读习惯进行改写,试翻译如下:

Respected Leaders,

Distinguished Guests,

Ladies and Gentlemen,

I have the honor to declare the second Zhijiang International Peace Culture Festival open. I'd like, if I may, to take this opportunity to convey our gratitude to those whose support and assistance have made the festival possible. Our particular thanks should go to…

改写后的译文虽然在结构和表达方式上与原文存在差异,但是语义明确,思路清晰,符合译文读者的思维习惯和表达方式。再如:

举世闻名的大熊猫的故土——坐落在四川南坪、松潘等县交界处一片纵深约 30 余公里的风景区。

Junction of Sichuan Nanping, Songpan County, there is a depth of about 30 kilometers of scenic areas, which is the world-famous giant panda homeland.

(二)将原文逻辑显化翻译

汉语语言属于显性逻辑,其衔接手段没有英语语言丰富,汉语在行文时有时甚至会缺少部分语法结构。例如,在汉语中存在着大量的无主语的句子。汉语中有些情况下还会将不同性质的短语词汇、不同范畴的信息糅合为一体,上述的这些情况都会导致汉语语言在行文方面呈现出信息关联性不强、信息冗余甚至逻辑不是特别明显等情况,在对这些情况的汉语文本进行翻译时,就需要进行逻辑转换的过程。需要译者应对原文有充分的理解和认识,并在透彻理解的基础上梳理出各个部分间的逻辑关系。并按照英语文化下人们的思维习惯对原文的隐性逻辑进行合理显化,以更为清晰、简单的方式传达实质信息。例如:

据考证,"China"大写是指中国,"china"小写是指瓷器,它的读音系来自汉语"昌南"一词的谐音译。而"昌南"指昌南镇,为景德镇的旧称之一。

It is believed that the country name "China" comes from "china", a term for porcelain, which is pronounced similarly to "Changnan", a former name for Jingde Town.

本例原文中的下划线部分是两个短句,在两句之间没有添加任何连接词,而仅仅是用逗号分隔开了,有其各自的主语。在将其翻译成英语时,如果不深入挖掘两者之间隐含的逻辑关系,仅仅按照字面的意思将其简单地处理为两句陈述句,这样就很难将原文作者所传达的真正含义传译给译入语读者。就本例来看，原文意指中国国民的大写 China 来自于陶瓷小写 China，因而，在对其逻辑关系进行梳理后将其译为 the country name "China" comes from "china"。

（三）调整原句结构组合译

英汉两种语言在语言结构上存在着很大的差异，几乎很少存在完全对应的情况。那么，在翻译过程中，就应对原句结构进行结构调整。通常情况下，在将汉语句子译成英语时，大多运用"组合"的方式进行翻译。具体而言，就是通过认真分析汉语多个分句的逻辑结构，找出各分句间的主次关系，然后用英语相应的手段在文中按逻辑主次分门别类进行"空间搭架"式的有机组合。例如：

该市地界巴山楚水，湖光山色秀丽，名胜古迹、自然风光融为一体，遍布其间，是理想的旅游胜地。

The city, bordering Sichuan and Hubei provinces, is a good place for tourism with its panoramic views dotted with beautiful mountains, lakes and historical sites.

在对本例进行翻译之前，译者需要首先分析原文的结构，找出逻辑语义重心。原文共有五个分句，是汉语中常见的平行铺排结构。经过分析可知，"该市……是理想的旅游胜地"为全句语义重心，可定为译文的主干，"地界"表位置做地点状语，其他表伴随状态，分别用英语相应的语法和词汇手段逐一译出。

洞庭湖"衔远山，吞长江，浩浩汤汤，横无际涯。朝辉夕阴，气象万千"。

Carrying distant mountains in the mouth and swallowing the Yangtze River, the vast and mighty Dongting Lake stretches endlessly. It turns brilliant in the morning and gloomy at dusk. The scenery abounds in changes.

该段文字是汉语中常见的四字句铺叙，气势连贯，意境深远。

但是在将其翻译成英语时不能逐句进行,因为这样会造成译文逻辑的混乱、臃肿。译者在翻译时首先应该分析原文内在逻辑语义关系,然后按照一定的结构关系将各部分连接起来,这样就能够有机地组成逻辑主次分明的译文的句式结构。

下面来看一则摘自《人民日报》的短篇材料:

非法闯入我军事演习区域采访 三名香港记者被遣送出境

新华社福州 3 月 10 日电,三名香港记者擅自闯入我军事演习区域进行非法采访活动,在福建省平潭县东澳码头被当地公安机关扣留。经审查,香港女记者孙蕴、邓德慧、刘玉梅三人受香港东方报业集团周刊部主管指派,于 3 月 6 日晚上飞抵福州,在 3 月 8 日凌晨潜入我军事演习区域窃取我军事演习情况。她们的行为违反了《中华人民共和国国家安全法》和港澳记者来内地采访的有关规定。福建省公安机关已在责令其书面承认错误并没收其非法获得的有关资料后,于今日下午将她们遣送出境。

(《人民日报》,1996 年 3 月 11 日)

上述报道条理清晰,内容精练,主要表达了四层意思。

(1)三名香港记者被当地公安机关扣留的原因。

(2)三名香港记者此行的背景、目的和日程。

(3)三名香港记者违反了《中华人民共和国国家安全法》及其他有关规定。

(4)三名香港记者被遣送出境。

从新闻标题中可以看出,这则消息的主要内容是第一条和第四条,因此在英译时要按照事实内容的重要性顺序,将原文进行重组,突出重点,省略一些不必要的信息,如三名香港记者的姓名及公安机关令其书面承认错误并没收其非法所得等,保证译文与原文的意义相符、功能相似。可以如下所示进行翻译。

Mainland expels HK journalists

FUZHOU (Xinhua)—Three journalists from Hong Kong were expelled from the mainland on Sunday afternoon by public security officers of South China's Fujian Province, for violating the State Security Law.

The journalists were detained after they were found to be conducting illegal interviews inside an area where the People's Liberation Army was holding exercises on March 8.

They admitted that they had flown to Fuzhou, the provincial capital, on March 66, and got into the exercises area early on the morning of March 8, in order to obtain information about the exercise.

(*China Daily*, Tuesday, March 11, 1996)

(四)变译编译策略

1. 变译编译策略的内涵

在翻译外宣文本时,翻译行为以及翻译所采取的策略在很大程度上还受到翻译目的的制约。以目的功能论为指导,以能否实现有效的外宣翻译为其最为根本的原则。那么,对所翻译的译文进行分析,如果这些译文具有赏心悦目、通俗易懂的特点并且与目的语受众的思维习惯相符合,并且能确保所译外宣文本的原文和译文功能对等,这样的翻译就可以被称为高信息量、比较成功的翻译。外宣翻译的文本也具有类型多样化的特点,文本类型不同,其功能和目的也往往存在很大的差异。基于此,译者在进行翻译时,就应该根据不同文本的类型特点采取恰当的翻译策略进行翻译,以最终实现外宣翻译的预期目的。

在我国著名语言学家黄忠廉所著的《变译理论》一书中,他提出了"变译"这一概念,其变译理论和变译概念的提出给我国的外宣翻译提供了崭新的实践视角。"变译"其实是一种宏观的翻译手法,这种翻译方法经常采用多种多样的变通手段,如扩充、浓缩、改造、阐释等,借助这些多元化的手段来摄取原作的中心内容,或对部分内容进行翻译。

2.变译编译策略在外宣翻译中的运用

"变译"翻译策略旨在摄取一些特殊条件下特定读者对象对特定信息的需求。这种翻译策略具有针对性很强的特点。与之类似,编译策略也具有以原作的使用价值为导向的特点,这一翻译策略也是在特定的情境下为满足受众的特殊需求而产生的。比较常见的编译策略有措辞、类比、改写、删减、增补等。为了对上述翻译策略有更清楚的理解,下面就结合具体例子进行分析。

已经说过,记名支票必须经过付款人或背书人后才能转让给第三者。

It has already been stated that a cheque papable to order must be endorsed by the payee or endorsee before it can be transferred to another person.

忠信笃敬(暨南大学校训)

Loyalty, Credibility, Sincerity, Piety

红专并进,理实交融(中国科技大学校训)

Red and Expert, Truth and Fact

自强不息,厚德载物(清华大学校训)

Self-discipline and Social Commitment

柳眉倒竖,杏眼圆睁。

Her beautiful eyes blazed with anger.

博学、审问、慎思、明辨、笃行。(中山大学校训)

Study Extensively, Enquire Accurately, Reflect Carefully, Discriminate Clearly, Practise Earnestly.

三、篇章层面的翻译策略

(一)实现篇章连贯的翻译策略

在对语篇特征和语篇进行分析时,经常将语篇的衔接与连贯视为关键点。韩礼德和哈桑(Halliday & Hasan)也对英语语篇的衔接问题进行了详尽的论述。他们认为语篇具有以下七个具体标准:(1)衔接性;(2)连贯性;(3)意图性;(4)信息性;(5)可接受性;(6)互文性;(7)情境性。在这七大标准中,衔接性与连贯性是最重要的标准,如果一则语篇缺失衔接和连贯,其他几个标准更无从谈及。而要实现语篇的连贯,还要具备最基本的以下两个外部条件:(1)社会文化和情景语境条件;(2)心理认知条件。其中社会文化和情景语境条件主要体现在语类和语域方面,心理认知条件主要体现在读者的心理认知因素层面。

从社会文化的角度进行分析,对语篇连贯起控制作用的因素主要包括社会文化背景因素和语类,社会文化因素涉及人类社会生活的诸多方面。例如,宗教信仰、物质文明程度、本语言社团所具有的独特的交际特点以及历史文化等,这些方面的因素对言语社团成员的交流意义起着直接的影响作用。语类则对一个言语社团成员所交流意义的出现顺序与交流模式等起着直接的影响作用。实际上,情景语境具体体现着社会文化,并且是社会文化的现实化。韩礼德将情景语境视为一个由语场、语旨和语式这三个变量所组成的概念框架。语域的概念就是用来对语篇的情景语境和语篇间的关系进行解释的。

从心理认知的角度进行分析,语篇连贯可以被看成是一种心理现象。篇章作者通常将语篇组织成一个能够被读者或听话者所理解的语篇单位,但是,读者或听话者是否能够真正理解还要完全取决于其自身的实际情况。读者或听话者将语篇理解成连贯的意义单位可从以下两个角度进行:其一是分析语篇各个部分之间是否存在语义联系;其二是分析语篇各个部分间是否都对语篇的整体建构起着积极的建设性作用。第一重角度的理解可以被看成是线性连贯,这一层面的连贯往往是按照事件发生的顺序形成的;第二重角度的理解可以被看成是整体意义的连贯,这一层面的连贯往往是借助于语篇模式实现的。通常,一个语篇都具有一个总主题,这一主题可以看作扩展为一个语篇的因素。

基于以上分析,不难发现,衔接与连贯在对语篇进行翻译时起着非常关键的作用。不管遵循何种翻译原则或采取哪种翻译策略，或者要达成何种翻译目的。对语篇进行翻译时所译译文都应实现"连贯"这一目的，要不然，不仅不能较好地达成翻译目的，更无从谈及语篇功能的实现。

（二）语篇衔接手段的对等

语篇衔接手段的对等具体指的是在源语语篇中所出现的对整个语篇起贯穿作用的衔接链中的所有衔接项目能在目的语语篇中很好地体现，从而能够在目的语中形成相似或相同的衔接链。假如每个衔接链都能在目的语语篇中出现，也就是说组织并反映语篇的"概念"、"人际"和"谋篇意义"这三种意义的衔接模式都应在译文中重现。由于语篇的谋篇意义和语篇的组织意义等同，因而下面我们就对谋篇衔接机制的翻译进行探讨，具体包括非结构衔接以及结构衔接这两大具体类型。

1.对非结构衔接进行解读分析

非结构衔接具体指的就是韩礼德和哈桑在其所著述的《英语衔接》一书中对五种衔接机制的总结。这五种衔接机制具体指的就是：（1）指称；（2）替代；（3）省略；（4）连词；（5）词汇衔接。指代和词汇衔接这两大衔接机制是组成衔接链最重要的手段，并且是主要的非结构性衔接机制。因此，在探讨与语篇衔接手段对等方面的问题时，通常应先对衔接链的翻译进行探讨。贯穿整个语篇的衔接链以及衔接链之间的关系构成语篇的主题意义。那么，在对反映主题的衔接链进行翻译时，翻译工作者应对翻译所采取的策略慎重考虑，以目的语的组织方式允许为前提，应尽可能地保留源语语篇的主题衔接链。例如：

科学发展观是坚持以人为本，全面、协调、可持续的发展观。

以人为本，就是要把人民的利益作为一些工作的出发点和落脚点，不断满足人们的多方面需求和促进人的全面发展；全面，就是要在不断完善社会主义市场经济体制，保持经济持续快速协调健康发展的同时，加快政治文明、精神文明的建设，形成物质文明、政治文明、精神文明相互促进、共同发展的格局；协调，就是要统筹城乡协调发展、区域协调发展、经济社会协调发展、国内发展和对外开放；可持续，就是要统筹人与自然和谐发展，处理好经济建设、人口增长与资源利用、生态环境保护的关系，推动整个社会走上生产发展、生活富裕、生态良好的文明发展道路。

As Scientific outlook on Development addresses development in a people-oriented, comprehensive, balanced and sustainable way.

By people-oriented, we mean that people's interests must be made both the starting point and the end point in all our work, through which we keep meeting the various need of the people, and promoting the overall development of people.

By comprehensive development, we mean we must speed up the construction of political and spiritual civilization while continuing to improve our socialist market economy and maintain its momentum of a sustained, rapid and sound economic development, through which we will realize a joint and coordinated development of the material, political and spiritual civilizations.

By balanced development, we mean we must coordinate development between urban and rural areas, between different regions, between social and economic sectors, and between domestic development, we mean we must achieve a harmonious development between man and nature, and properly handle relations among economic construction, population growth, uses of natural resources, and environmental protection. By ways of that we will bring our society onto a path of a civilized development featuring a thriving economy, affluent lives and a sound eco-system.

这则语篇是介绍政府政策的外宣材料。语篇中的主衔接链构成的主题意义为："科学的发展观是坚持以人为本，全面、协调、可持续的发展观"，以人为本，全面、协调、可持续的发展观为语篇最主要的信息。作者在行文中分别运用了三个分句对这几方面的含义进行了具体的阐述。"科学的发展观"这一表述一直以隐性的形式出现在衔接链之中，除了在第一句中出现了外，其他很多地方都没有再出现这一中心词。

2. 对结构衔接的解读分析

结构衔接主要包括以下三个方面的衔接，即主位结构衔接、语气结构衔接以及及物性结构衔接。具体而言，又分别涉及语篇的三大类型的意义模式，即谋篇意义、人际意义以及概念意义。主位结构间的关系也是由语篇中的小句中的主位间的关系和主位与述位间的交替和意义交互形成的。其中最主要的还是主位与主位间的关系。那么，在翻译时，也应从考察主位同主位间的关系着手。例如：

（1）譬如说，当我们正在旅游胜地享受假期，却忽然接到老板的电话，告诉我们客户或工作方面出了麻烦——现代便捷先进工具在此刻显示出了它狰狞、阴郁的面容——搞得人一下子兴趣全无。（2）接下来的休闲只能徒有其表，因为心里已是火烧火燎了。

（1）For instance, while still vacationing at the resort, we receive a call from the boss of all a sudden, knowing that some troubles are with clients or the work. At this moment, the handy cell phone is exposed as an evil and dismal device more than a modern and advanced tool. (2) The subsequent leisure is the mere showy as such a call has shadowed our leisure tour and made us restless with anxiety.

通过对译文进行分析，不难发现，一开始将"譬如"翻译成 For instance，这属于添加的逻辑连接，属于概括词，起到同位意义的作用。然后用第一人称复数 we 来引导人称照应链贯穿了整个语篇，we-our-us，while 属于词汇连接，boss 属于人称指称，在 knowing 之前省略了"we"，at this moment 这是时空连接表时间的先后,handy cell phone 属于词汇复现,用来回指 call,device 和 tool,这是词汇衔接,是 cell phone 和 call 的上义词,The subsequent leisure 属于词汇衔接,与 vacation 相照应,as 是连接词用来表原因,call 与 leisure tour 属于词汇连接。综合上述分析,该译文在词汇运用方面符合英语表达简洁这一特征,并且在逻辑连接词的使用方面技高一筹。

(三)其他篇章翻译策略

1. 适当重组或调整翻译

对旅游篇章进行翻译时,为了中西方游客更好地了解语篇信息,有必要对原文的句子结构和表达方式进行适当的重组和调整。例如:

花径公园是庐山旅游景点的一颗明珠,唐朝大诗人白居易在此游览时曾写下"人间四月芳菲尽,山寺桃花始盛开。长恨春归无觅处,不知转入此中来。"的著名诗篇,园内有白居易堂、觅春园、孔雀馆等参观项目,是集山水、人文、古代、现代为一体的综合性公园。

The Floral Path Park is a pearl among Mt. Lushan's scenic spots. It is a comprehensive park with hills and waters, centuries of ancient and modern times concentrated. There, lots of places for you to visit:the Bai Juyi's Thatched Cottage, The Looking for Spring Garden. the Peacock House of the Celebrities etc. Bai Juyi, a famous poet of the Tang Dynasty, after visiting the path, wrote a famous poem: "In April all the flowers are withered. But the peach flowers near the mountain temples are in full bloom. Long regretting that spring has passed. Surprised I see that spring reappears here. "

中国人的思维方式是先对景点进行具体的描述,最后对这一美景进行概括总结,然而与之相反的英语思维方式是首先开门见山,点题介绍,再进行细节描述。该段话在进行翻译的时候,按照西方人的思维方式进行了重组,把"It is a comprehensive park with hills and waters, centuries of ancient and modern times concentrated."放在了句子的前面,开篇点题,适合英语旅游语篇的思维模式,然后再进行细节描述,最后引用诗句,做到主次分明,表述清晰流畅。

2. 抓住实质内容进行省译

在对景物进行描写时,汉语语篇在用词方面体现出辞藻华丽、主观色彩极为浓烈等特点。那么,在进行翻译时,如果将汉语原文逐字译出,不仅与英语直观理性的欣赏习惯不相符合,而且也会使外国游客感到语言华而不实。所以在翻译这类外宣文本时,出于英语译文的表达习惯,译者需要透过原文华丽语言的外表,抓住具体的实质内容,适当省去不符合英语表达习惯的内容,努力做到使译文读者获得与原文读者相同或相近的审美反应。有些汉语中的文学典故对理解原文信息没有帮助,在进行英文翻译的时候,可以考虑省去不译。例如:

"烟水苍茫月色迷,渔舟晚泊栈桥西。乘凉每至黄昏后,人依栏杆水拍堤。"这是古人赞美青岛海滨的诗句。青岛是一座风光秀丽的海滨城市,夏无酷暑,冬无严寒。西起胶州湾入海处的团岛,东至崂山风景区的下清宫,绵延80多华里的海滨组成了一幅绚烂多彩的长轴画卷。

Qingdao is a beautiful coastal city. It is not hot in summer or cold in winter. The 40-km-long scenic line begins from Tuan Island at the west end to Xiaqinggong of Mount Laoshan at the east end.

中国人善于运用诗词歌赋表达情意,而英语讲究的是直接、简明,所以该译文中省去了对原文诗句的翻译,不但不影响游客对原文信息的理解,反而使信息传递的更加直接,清晰易懂。

第二节　文化层面的翻译策略

外宣翻译旨在实现文化的传播为主要目的,因而,其文本的翻译必然涉及诸多文化层面的内容,对这些文化因素进行翻译时,就应从文化的角度,采取灵活多样的文化翻译策略。本节就对文化层面的翻译策略进行研究和分析。

一、应对文化空缺的策略

(一)文化空缺的置换

1. 文化空缺置换的内涵

文化空缺的置换具体指的是一种比较常见的应对文化空缺的策略,这一策略具体指的是在对文化信息进行转换或翻译时,如果能够通过转化后被译入语读者认同,或在置换后不影响理解,就应对源语和译入语规范进行综合考虑,对原文的文化空缺部分采用空缺置换的翻译策略进行翻译。

2. 文化空缺置换在外宣翻译中的运用

空缺置换的翻译策略具有直观、达意,并且与译入语规范相符合的特点。通常情况下,这种策略适用于源语和译入语存在差距,通过保留、调整"空缺"达意比较困难的情况。例如:

每次我要发言时,我心里打鼓。

Whenever I have to make a speech, I get butterflies in my stomach.

本例中,"心里打鼓"一词是一个汉语文化下独有的词汇,表示"忐忑不安、心里没底"之意,译文中将"打鼓"这一形象用 butterflies 进行替换。再如:

她考试前开夜车。

She always burns the midnight oil before the examination.

本例中的"开夜车"指的是"在夜间工作"。译文在翻译时用 the midnight oil 将其进行了形象的替换。又如：

假使有钱，他便去押牌宝。

If he had money, he went gambling.

在汉民族古代的民间文化中，"押牌宝"是一种比较常见的赌博方式，这种方式是汉民族文化所独有的。但是，现在社会这种现象已经不存在了。因此，在很多译本中直接用 gambling 一词来替代。

（二）文化空缺的移植

对文化空缺进行移植具体指的是将一个民族特有的文化现象以其本来面目移植到另一个民族的文化空缺里。这种翻译策略对增强两个不同民族文化间的相容性大有裨益。例如，在翻译"亚洲四小龙"时，为了有意规避 Dragon 一词在西方文化中的"怪物"、"罪孽"之意，通常将其译为 Four Tigers of Asia，避讳使用 Dragon 一词。

（三）文化空缺的释义

1. 文化空缺释义的内涵

空缺释义策略也是一种比较常见的应对文化空缺的策略，这一策略就是在两种文化能够通过调整、变通后认同，或调整、变通后至少不至于影响理解的情况下，综合考虑源语、译入语规范，对原文空缺进行翻译适度调整、变通的翻译方法。

2. 文化空缺释义在外宣翻译中的运用

空缺释义策略具有直观、达意并且与译入语规范相符的特点。通常情况下，这种翻译策略运用于源语和译入语规范存在差

距,如果保留空缺也不能完全达意的情况。例如:

一个唱红脸,一个唱白脸。

One coaxes, the other coerces.

本例中的"唱红脸"、"唱白脸"都是同我国传统戏剧文化京剧相关的内容。其中"唱红脸"在汉语中表示"以好人的面目出现"之义,"唱白脸"则表示"以坏人的面目出现"之义。基于这一深层的文化内涵,不能将其直接译为 wear the red makeup of the stage hero,上述译文在翻译时,采用了空缺释义策略,将其译成"One coaxes, the other coerces."

(四)类似文化现象的对应

针对外宣翻译中的文化空缺进行翻译时,还可以采用对译入语中类似文化现象对应的情况进行翻译。例如,针对西方文化中比较知名的人物、事件等来诠释汉语文化中所特有的文化内容。例如,将汉语文化中的"梁山伯与祝英台"比作"罗密欧与朱丽叶",将中国的江南水乡"苏州"比作东方的威尼斯。将"济公"比作"罗宾汉"等。其中浙江兰溪的济公纪念馆中有这样一句话:

济公劫富济贫,深受穷苦人民爱戴。

在对本句中的"济公"进行翻译时,将其译为 Ji Gong, Robin Hood in China robbed the rich and helped the poor,这一翻译就很好地采用了文化对应策略。这样一来,更加有利于迎合译入语国家人们的理解。再如:

castle in the air 空中楼阁

walls have ears 隔墙有耳

strike while the iron is hot 趁热打铁

pour oil on the flames 火上加油

拍马屁 lick sb's boots polish apples curry favors with

本末倒置 put the cart before the horse

对牛弹琴 cast pearls before the swine

水中捞月 fish in the air

说曹操,曹操到 talk of the devil and he will appear

江山易改,本性难移。

A leopard never changes its spots.

(五)对文化元素进行义素分析

对文化元素进行分析就是针对一种文化中独有的文化元素,对原文中的文化关键词进行拆分、转移、合成。拆分具体指的是对源语中的关键词汇进行的义素分析;转移具体指的是将源语中的义素向译语中的义素进行转换的这一过程。合成具体指的是对义素进行重新组合成为一个新的词汇,并且在合成的过程中应充分考虑译语读者是否能接受这一因素。例如:

那是赵太爷的儿子进了秀才的时候……

That was the day Old Master Zhao's son passed the Budding Talent exam.

在对本例进行翻译时,源语中的"太爷"这一词汇具有文化内涵非常丰富的特点。"太爷"一词在词典中就具有多个含义。具体如下:(1)对别人父亲的尊称;(2)对祖父或祖辈尊长的称呼;(3)古代对知县、知府等官吏的尊敬称呼;(4)古时候家仆对男主人的尊敬称呼;(5)倨傲的自称。结合上述对"太爷"这一词汇的义素分析和原文语境,不难发现,第四个含义"古时候家仆对男主人的尊敬称呼"更为符合原文的语境,文中主人公阿 Q 常年依靠给别人特别是给有钱的大户打零工来维持生计,阿 Q 的地位和作用类似于雇佣的家仆,因而在进行翻译时就用 master 比较合适,进而将原文中的"赵太爷"翻译成了 Old Master Zhao。采用这种对文化元素进行义素分析的策略进行翻译,最大优势就在于力求确保词汇的概念意义能够准确、全面地传递到译入语的语言中。

(六)异化翻译策略

1.异化策略的内涵

异化策略的代表人物劳伦斯·韦努提(Lawrence Venuti)从

解构主义的翻译思想出发,提出了"反翻译"的概念,他强调译文在风格上应与原文风格保持一致,并突出原文之异,主张要发展一种翻译与实践,以抵御目标语文化占指导地位的趋势,从而突出文本在语言和文化这两方面的差异。[①]

具体而言,异化翻译策略指的是迁就外来文化的语言特点,吸收外来语言的表达方式。

2.异化策略在外宣翻译中的运用

异化翻译策略在处理文化空缺时也得到了很好的运用。它要求译者在翻译时尽量向作者靠拢,采取与作者相同的源语表达方式来传达原文的内容。例如:

丢面子 lose face

保全面子 keep face

宝玉笑道:"古人云,'千金难买一笑',几把扇子,能值几何?"

"You know the ancient saying," put in Baoyu, "A thousand pieces of gold can hardly purchase a smile of a beautiful woman, and what are a few fans worth?"

在对本例中的"风云"、"祸福"、"凤辣子"、"盛筵必散"、"千金难买一笑"等进行翻译时都进行了异化处理,保留了中国文化特色,有利于在目的语读者中导入中国的"异域风情"。再如:

不入洞穴,焉得虎子。

How can you catch a tiger cub without entering the tiger's lair?

三个臭皮匠,合成一个诸葛亮。

Three cobblers with their wits combined equal Zhuge Liang the master mind.

---

① 廖海娟.文化视角中的英汉翻译[J].湖南科技学院学报,2010,(3):206.

二、应对文化差异的策略

中西文化间所存在的诸多方面的差异也会对翻译过程产生诸多影响。例如,认知思维差异、生活方式差异以及历史文化差异等,要想使翻译实践取得最优化的效果,就应对两种文化间的差异有足够的认识和理解,对两种文化有充分的理解和认识,也只有这样,才能更好地克服由文化差异而带来的障碍。下面就对比较常见的应对文化差异的翻译策略进行探讨和分析。

(一)图片文字翻译策略

1.图片文字翻译策略的内涵及理论基础

图片文字翻译策略是以卡特琳娜·赖斯(Katharina Reiss)、汉斯·弗米尔(Hans Vermeer)、加斯特·赫尔兹·曼塔里(Justa-Holtz Manttari)和克里斯蒂安·诺德(Christine Nord)这四位杰出的功能翻译理论的代表人物所提出、阐释并发展的文本类型理论、目的论、行为论以及功能加忠诚理论为基础而提出的翻译策略。

基于图片在外宣翻译中所占的比例比较大、宣传效果明朗甚至还被当作文本的主体构成部分这一特点,很多学者开始致力于研究如何更有效地对图片进行翻译。国内有很多学者也展开了对这方面的研究。我国学者赵玉闪探讨了图片说明的翻译技巧,他将翻译技巧归纳如下:其一,应删除烦冗、重复、复杂的语言;其二,可对文本中的人名、地名、中国文化中所特有的机制、历史事件、典故、流行语等进行解释性翻译等。总之,在运用图片文字翻译策略进行翻译时,应遵循目的性、连贯性、忠实性这几大法则,对文化差异进行有效阐释。

2.图片文字翻译策略在外宣翻译中的运用

在外宣翻译中,还存在一些图片文字,这类内容具有占用空间有限、语言简明扼要等特点,同时,这些文字还辅助于点题,来说明并衬托画面的内容。从语篇类型进行分析,这类图片文字属于具有实用性特点的鼓动宣传型和信息型的语篇。但是,英汉文化下的图片文字也存在着诸多不同,汉语文化下的图片文字类外宣文本具有注重写意的特点,并且经常借助于抽象、铺张的比喻等手段;英语文化下的图片文字侧重于写实,语言方面具有朴实、平易等特点。此外,汉语文化下的图片文字类外宣文本讲究文采,并经常使用并列结构的动词短语以及成语等,英语文化下的图片文字类外宣文本注重信息性、新颖性以及娱乐性。为了对这类文本的翻译有更清楚的认识,下面就结合典型例子进行分析。例如:

> 饮茶强身传佳话
>
> 清热解毒助消化
>
> 防癌饮食细思考
>
> 柴米油盐酱醋茶
>
> 久恋茶文化,清热助消化
>
> Healthy Life with Tea

本例在翻译时采用了删译策略,原图片是一位头发斑白、留着白须的年长者在品茶,并对所品茶的感悟进行赞美,通过分析原文也不难发现,源语中的文字主要是讲述饮茶的功效,即清热解毒、强身健体、延年益寿,汉语文字内容相对比较多,如果直接翻译会让目的语读者感觉很烦冗,并且也很难将这种文化韵味很好地传达,因而就对其进行了删译处理。

再如,"乐在其中"被译为 present your most beautiful self。原图片是笑脸的集锦,图片下面所附加的文字为"乐在其中",但是图片中并没有向外界显示任何与快乐的原因和来源相关的信息,仅仅能看到一张美丽的笑脸。从另外一层角度进行分析,微笑其实是最美的语言,不仅能感化人,而且能拉近彼此间的距离。微笑的同时还能让外界感受并分享彼此的快乐,展示自己本人最美好的一面。例中在翻译时就采用了改译策略。

（二）改写翻译策略

改写翻译策略具体指的是借助于某种方式对源语文本进行重新解释、操纵或改变，并在翻译过程中受到译者意识形态和目的语文化占主导的诗学的制约，因而会在某种程度上改变源语文本的思想内容甚至意识形态。例如：

（贾雨村）虽才干优长，未免有些贪酷之弊；且有恃才侮上，那些官员皆侧目而视。

But although his intelligence and ability were outstanding, these qualities were unfortunately offset by a certain cupidity and harshness and a tendency to use his intelligence in order to outwit his superiors; all of which caused his fellow-officials to cast envious glances in his direction.

（霍克斯 译）

在对本例进行翻译时，充分考虑了中西民族文化性格间的差异。自古以来，汉民族文化下的人们崇尚内敛的个性，西方文化下的人们则崇尚张扬的个性。霍克斯在翻译时，将"恃才侮上"改写翻译成了 intelligence 和 outwit，将"侧目而视"改写翻译成了 cast envious glances，使中西方文化道德取向的差异得以很好地呈现。再如：

满树金花，芳香四溢的金桂；花白如雪，香气扑鼻的银桂；红里透黄，花朵味浓紫砂桂；花色似银、季季有花的四季桂竞相开放、争妍媲美，进入桂林阵阵桂香扑鼻而来。

The Park of Sweet Osmanthus is noted for its profusion of Osmanthus trees. Flowers from these trees in different colors are in full bloom which pervade the whole garden with the fragrance of their blossoms.

本例原文中存在很多花卉名称，在进行翻译时，作者就进行了大胆的改写，有效地规避了辞藻的堆砌，又简单明了地传达了原文的文化内涵。再如：

Battered auto-parts makers are suddenly looking like hot plays for some of Wall Street's biggest investors.

惨淡经营的汽车零配件公司突然摇身一变,成为一些华尔街富豪眼中的香饽饽。

What foreign businessmen find encouraging is that ideology is no longer in the driver's seat.

令外商感到鼓舞的是意识形态问题不再左右一切了。

(三)谙熟文化差异

文化包含语言,同时又对语言起着影响作用,而语言又是文化的重要构成部分,并且是使文化得以保存、交流文化并保存文化的必要工具。那么,在跨文化视域下的外宣翻译实践中,应对这些文化差异酌情处理,要想很好地处理这些外宣翻译中的文化信息,应对这些文化差异有足够的理解和认识,同时还应充分考虑目标语读者的接受能力。

例如,"国家二级企业"正确的翻译是 the state second-best enterprise。这是一个经常在传媒上出现的词汇,这里的"二级"在汉语文化中表示"数一数二"之意,也有人将其译为 second-grade(次等的)或 second-class(二流的),但是如果对这一词的文化功能进行分析,"次等的"和"二流的"都很难精确地传达其文化内涵,故应将其译为 second-best 为最佳。

(四)增译策略

1.增译策略的内涵

由于中西文化差异的存在,一般的译文读者对中国及其文化的了解是有限的,有的甚至一无所知。我国著名学者段连成先生曾说:我们不可低估外国读者或听众的能力,但也切勿高估一般外国人对我国的了解水平。① 外宣译者一方面要实现两种语言的转换，另一方面还要做文化沟通的使者，通过能动地调整信息，增加相应的文化背景解释或注释，从而跨越中英文化间的巨大差异，达到沟通原文与译者的关系。

2. 增译策略在外宣翻译中的运用

运用增译策略翻译外宣文本时，译者要根据具体情况，对原文进行适当的调整。例如：

Draft and invoice are different instruments.

汇票和发票是两种不同的票据。

本例中，翻译时采用了增译策略，在译文中增加了"两种"，表示强调。

船过昌峡时……那黄色的崖壁上，黑色的岩石组成了一个巨大的川字。

"川"字在汉语文化里有着丰富的文化内涵，其字形酷似"河流"，因此，我们很容易将二者联系到一起。但是，在对外宣传中就要添加相应的文化背景 meaning river，以便于译文读者的理解，可以如下所示进行翻译。

When the boat passing through the long chary Gorge,we see the huge Chinese character"chuan",meaning river.

再以 1992 年 1 月至 2 月间邓小平《在武昌、深圳、珠海、上海等地的谈话要点》为例进行英译。这篇具有鲜明"中国特色"的谈话在进行英译时，有不少的难点，很容易出现因中西文化差异而造成的误译，下面以某些语段为例。②

帝国主义搞和平演变，……

……回来后妥善安排。

"和平演变"这一政治术语是针对于我国社会主义制度而言

---

① 转引自陈敏.谈外宣翻译中的译者主体性[J].湖南科技学院学报，2006，(8)：168－171.
② 沈炜艳.从外宣资料英译中的常见错误看译者应具备的素质[J].东华大学学报，2007，(4)：288.

的,不能简简单单地译为 peaceful evolution,可以进一步解释并翻译为 the imperialism are pushing for peaceful evolution towards capitalism in China。"回来后妥善安排"的背景是我国的很多人才因为当时国内的生活和工作条件差而选择出国深造,要吸引他们回国发展,就要对他们的生活和工作做好妥善的安排。因此,为了方便译文读者的理解,正确掌握原文的含义,可以进行一些增添,翻译为 … all overseas students may return and enjoy proper arrangements for their life and work。

三、应对文化冲突的策略

在跨文化视域下的外宣翻译中,由于所涉及的公众形形色色,他们在对文化理解时,往往会存在一些不一致的情况。面对这类的文化冲突的现象,翻译工作者就应具备跨文化的视角,采取恰当的翻译策略来处理文化冲突现象。下面就结合几种比较常见的应对文化冲突的策略进行分析。

(一)删减策略

根据奈达的观点,如果译者不向读者调整信息负荷量,接受者就可能失去信息中的一些关键因素,或觉得太难而停止阅读。依据该理论,在对存在文化冲突或不一致的现象进行翻译或理解时,可采用删减策略进行翻译。下面结合中西文化中有关旅游外宣文本的翻译和认识进行具体说明。

中国文化下的人们在对景物进行描写时,往往喜欢引经据典,并借助这种方式来使人产生人文底蕴深厚、历史悠久等效果,如果对这些华丽的辞藻进行逐词逐句翻译,就会给目标读者带来很大的理解困难,甚至会让他们感到华而不实,拖沓冗长。此时,可采用删减策略进行翻译。例如:

金鞭岩是武陵源著名景点,每当夕阳晚照,鞭身涂金、熠熠闪光、瑰丽夺目,构成一幅奇特壮美的"夕阳金鞭图"。

Golden Whip Rock is a well known scene of Wulingyuan area. In the late afternoon sunshine, it glitters with brilliance as if gilded with gold, creating a miracu-lous and grand scene of "Golden Whip in Sunset".

本例原文中连续使用了五个四字结构的成语,借助于这些成语的使用来向读者展现金鞭溪美景图的美丽壮观。但是这些浓缩的成语表达往往会令国外读者很费解,产生不知所云的感觉。译文在翻译时,删减了一些浮华的辞藻,使译文更加通俗易懂。再如:

乐山水光山色独特,地理环境优越,素有"绿杨夹岸水平铺"之称,举行龙舟竞渡得天独厚。

Famous for its "tranquil river fringed with rich vegetation", the Leshan Mountain in Sichuan Province has the ideal setting for its Dragon-boat Festival.

在对本例进行翻译时,为了力求简洁,省掉了"乐山水光山色独特,地理环境优越",并且还对"绿杨夹岸水平铺"这一诗句进行了省略,对其所表达的意思进行了直述:tranquil river fringed with rich vegetation,这样的翻译方法不仅没有影响原文信息,而且还使译文更加传神、精练。

这里三千座奇峰拔地而起,形态各异,有的似玉柱神鞭,立地顶天;有的像铜墙铁壁,巍然屹立;有的如晃板垒卵,摇摇欲坠;有的如盆景古董,玲珑剔透。神奇而真实,迷离而又实在,不是艺术创造胜似艺术创造,令人叹为观止。

上述是武陵源景区的宣传材料,语句优美,行文对仗,富有文采,四言八式的结构符合汉语行文的特点,意境美和朦胧美体现在字里行间。在英译时如果照抄照搬,就会不得要领,使译文冗长拖拉,这时有必要采用删减的手法,去掉原文中多余的形容词,直接传达原文的意思即可。可以尝试如下翻译。

3000 crags rise in various shapes—pillars, columns, walls, shaky egg stacks and potted landscapes … conjuring up fantastic and unforgettable images.

（二）严肃用词

根据我国学者刘禾的观点，翻译并非一种中性的、远离政治及意识形态斗争和利益冲突的行为。恰恰相反，翻译有时是这类冲突的场所，在一些文本中，被译的语言还要与译体语言对面遭逢。尤其是一些带有政治敏感性的字眼，翻译时，应斟字酌句。从翻译的选择到翻译的策略，从宏观的翻译策略到微观的翻译技巧等，都应严肃。

具体到外宣文本的翻译，由于涉及本国文化的对外传播，因而难免会涉及一些与国家主权、国家独立、领土完整等与政治文化相关的问题，这类文化的翻译通常具有强烈的政治敏感性。在对这些内容进行翻译时，就应端正立场严肃用词，不能使用任何违背国家统一，损害民族利益的字眼。例如：

外交部处理日本遗弃在华化学武器办公室。

原译：Office of the Ministry of Foreign Affairs for Abandoned Chemical Weapons of Japan in China.

改译：Office of the Ministry of Foreign Affairs for Chemical Weapons Abandoned by Japan in China.

在对本例进行翻译时，原译是日本政府的翻译版本，通过对原译进行分析，其在翻译时将"遗弃在华化学武器办公室"翻译成了 abandoned chemical weapons of Japan in China，这样的译法显然有意识的模糊了施动者，并且掩盖了日本人在华遗弃化学武器这一事实，从政治的高度进行分析，掩盖了日本侵华的事实。显然，这样的翻译是有损我国的军事利益的。也是他们对这一历史文化认识不清所导致的。为了将日本侵华这一历史事实在国际上向世人明示，并对其试图掩盖的事实以反击，我国外交部对其进行了订正，将其翻译成 Chemical Weapons Abandoned by Japan in China，这样的翻译，不仅端正了政治立场，表明了我方的态度，并在翻译过程中，恰当地处理了翻译中的文化冲突现象，客观真实地再现了这一历史事实。

类似的例子还有很多。再如,应将"国家统一"翻译成 National Reunification,而非西方媒体所用的 National Unification。

(三)文化对比翻译策略

1.文化对比翻译策略的内涵

文化对比翻译策略也是一种处理文化冲突的比较常见的策略。具体而言,文化对比翻译策略是针对汉民族文化和目标语文化在社会习俗、审美观念以及价值观念等层面的文化冲突进行翻译时,针对这些客观存在的文化差异进行理性的对比分析,来跨越这些文化冲突和障碍。

2.文化对比翻译策略在外宣翻译中的运用

在跨文化下的外宣翻译中,运用文化对比翻译策略进行翻译,不仅应对两种文化有比较透彻的理解和认识,还须时刻具有文化对比的思想意识。例如,在汉民族文化中,"松、竹、梅"被喻为"岁寒三友"。汉民族文化下的人们在游览黄山时,看到千奇百怪的松树,就会产生对松树高贵品质的赞赏,进而联想到人的毅力,甚至还会想到"大雪压青松,青松挺且直,要知青松洁,待到雪化时"等诗句。此时,可以立足汉民族文化,对汉英文化中"松"和 oak 进行对比,不难发现,在英语中也存在着 as strong as an oak 这一习语表达。这样,可能就能加深外国文化下的人们对"松"的理解和认识。

第七章　跨文化视域中外宣翻译中的译者和读者

译者在跨文化对外翻译中担任着重要的历史使命,积极向世界真实地介绍中国,提高中国的国家软实力。同时,译者在对外宣传和翻译的活动中,还要时刻树立译文读者意识,满足不同层次读者的多元化需求。本章就来探讨跨文化视域下外宣翻译中译者应具备的素质和翻译读者的心理。

第一节　跨文化视域中外宣译者应具备的素质

译者是跨文化视域下对外宣传与翻译工作的媒介和桥梁。在外宣翻译工作中,译者积极发挥主观能动性,根据译文读者的思维习惯和接受方式对原文信息进行再创造,包括改写、增添、删减或重组等,从而使译作通俗易懂,达到对外宣传与交流的目的。翻译不是一件小事,也不是一件易事,译者要具备丰富的文化涵养。

外宣工作的重要性也决定了对译者素质的高要求。在对外宣传和翻译工作中,译者是主体,具有举足轻重的地位,译者的作用非常重要,其不仅仅是原作与译文读者之间的"传声筒",更是对原作进行再创作的"艺术家"。

素质也称"素养",是人在社会生活中思想与行为上的具体表现,既包括其本来特点和原有基础,也可以指在实践中增长的修养。① 一般来说,素质包括文化素质和政治素质,其内容既抽象又

---

① 仇贤根.外宣翻译研究——从中国国家形象塑造与传播角度谈起[D].上海:上海外国语大学,2010:69-77.

具体。具体来说，既包含哲学的思维和内涵，又有具体的方法对其翻译内容进行检验。外宣译者的素质体现在多个方面，既包括文化程度、思想水平，又包括语言能力、知识技能等。柯平将译者的素质分为了三类：一类是扎实的语言功底，一类是广博的言外知识，还有一类是敏锐的感受能力。[①] 译者在勤学苦练、广读群书的同时，还要积极思考，不断反思。

综合而言，外宣译者的素质可以分为客观素质和主观素质两种。客观因素包括良好的政治素质和职业道德素质，主观素质包括优秀的语言素质、广博的知识素质和熟练的翻译技能。译者的这些素质直接影响着对外宣传的效果。

一、政治素质

由于外宣工作的特殊性，政治素质是外宣译者的基本素质。段连成在《对外传播学初探》（增订版）一书中指出了我国对外宣传的目的，即帮助外国人了解中国的各个方面，包括政治、经济、文化、社会和对外政策等，从而加深国外对我国的了解，促进中外友好关系的建立和维护，赢得国际同情和支持，为我国的现代化建设和祖国统一事业的实现创造良好的国际环境，促进世界和平的实现。[②] 因此，外宣译者要正确的传达我国的基本国情和对外政策，就必须有较高的政治素养和觉悟，认真学习马列主义、毛泽东思想、邓小平理论和"三个代表"重要思想以及科学发展观，对我国的大政方针政策、立场、国内改革开放的各项事业的发展有基本的认识和了解。维护国家主权和尊严，对涉及国家利益和安全的问题谨慎仔细，绝不疏忽。

《宣传舆论学大辞典》中较全面地总结了对外宣传的根本目的"为党的总路线和总政策服务，为党的对外工作服务，真实地、丰富多彩地、生动活泼地介绍我国的政治、经济、文化、社会生活

---

① 仇贤根.外宣翻译研究——从中国国家形象塑造与传播角度谈起[D].上海：上海外国语大学，2010：69.

② 段连成.对外传播学初探[M].北京：五洲传播出版社，2004：58.

等方面的情况,宣传我国的对外政策,增进各国人民对我国的了解和友谊,增强海外同胞的爱国主义思想,团结一切可以团结的力量,以利于'统一祖国、振兴中华'的伟大事业和维护世界和平的斗争"①。因此,译者不仅要观点明确、立场坚定,还要用辩证的思维方式正确处理形式与内容的关系。

例如,外宣中常常提到"和平统一"一词,"统一"按照字面意思可以译为 unification,但是我国对外宣传中约定俗成的译法是在 unification 前加上 re-,用 reunification 表示"重新统一",这样进行翻译是有事实依据的。公元前 221 年,秦始皇实现了中国的统一,台湾自古以来就是中国领土不可分割的一部分,但是由于历史上的某些原因,中国还未实现真正的统一。所以,reunification 就是指台湾重新回到祖国的怀抱,中国实现重新统一。② 因此,"和平统一"便可译为 peaceful reunification,既突出了我国的政治观点和立场,又方便译文读者的理解,大大提高了对外宣传的效果。对"和平统一"的准确翻译有助于其他国家对中国和平发展道路的了解,对维护中国在国际事务中的良好形象大有好处。

外宣翻译中的选词一定要以准确理解原文含义为基础。例如,"宣传"一词在过去常常被译为 propaganda,而在英语中,propaganda 是一个贬义词,多指"采用欺骗、掩盖等扭曲事实的手段在广泛范围内促使群体对某意识形态等的忠诚",因此在对外宣传中用 propaganda 翻译本国的政府机构或官员是不合适的。一些西方国家对中国的宣传机构存在偏见,如《纽约时报》在报导涉华事件时坚持用 propaganda 来翻译"宣传",这是一种带有意识成见的误译。③ 将"对外宣传"翻译成 international communication,是比较合适的。又如,"改革开放"一词中的"开放"出现过三种翻译的方法,分别是 opening,open-door 和 opening up to the

① 刘建明.宣传舆论学大辞典[M].北京:经济日报出版社,1992:54.
② 张健.外宣翻译导论[M].北京:国防工业出版社,2013:70.
③ 陈争峰,许小花.新闻传播学视角下外宣翻译者的基本素质[J].新闻知识,2012,(4):109.

outside world。相比较而言,第一种译法较笼统,语义不明确。第二种译法语义问题最为突出,其是 20 世纪中国在受到帝国主义侵略时所谓的"门户开放"政策的英译,这种译法在如今的对外宣传中要避免使用。第三种译法虽然句式较长,较复杂,但它准确忠实地传达出了"开放"的含义。

此外,在涉及国家主权与领土完整等敏感话题的选词上更要仔细推敲,反复琢磨,谨慎用词。例如,在对外宣传"南沙群岛"时,就应使用英译的形式 the Nansha Islands 来表达中国的国家主权利益,而不应使用西方媒体惯用的 the Spratly Islands 或 the Spratlys。这样的例子还有"黄岩岛",在对外宣传中要使用音译的形式 the Huangyan Island,而不应使用西方媒体惯用的 the Scarborough Shoal,更应反对菲律宾政府所谓的 the Panatag Shoal。

总结来说,外宣翻译工作者要充分了解我国的大政方针政策,在充分理解政治语境的前提下,尽量用精致而非粗疏的、活泼而非死板的、亲切而非生硬的外国语言,准确地表达出原文的应有之义。政治立场坚定,拥护和宣传党和国家的政策方针,维护国家利益。

二、职业道德素质

(一)刻苦钻研

外宣译者同样要有职业道德素质。有学者在论及外宣译者的职业道德素质时指出,译者的责任感、刻苦钻研的精神、严肃的工作态度是其能够准确翻译的重要条件,也是其基本的译德。译者是信息传播的媒介和桥梁,稍有不慎,就会造成许多不良的后果。即使是小心翼翼,也难免会留下诸多遗憾。

外宣翻译因其话题的敏感性和读者的广泛性,对译者的职业精神有着较高的要求。刻苦的精神和严肃的工作态度才能避免因小的疏忽甚至是一字之差而造成的误解。有些错误甚至是低级的错误。例如,"染发"的"染"译成英文时 dyeing 少了 e,成了 dying(死亡);"碗"译成英文时 bowl 多了 e,成了 bowel(肠)。有些翻译如果在选词造句上更细心一些,就会有更好的表达效果。例如:

请勿疲劳驾驶。

译文 1:Drive alert,arrive alive.

译文 2:Drowsy driving is dangerous.

译文 3:Don't drive tiredly.

很显然,按照交通法规的术语译为译文 1 和译文 2 的形式要比译文 3 好得多。

有的翻译虽然语义通顺,却不能极尽原义。译者必须刻苦钻研,反复推敲,一步一步使表达成为最佳。例如:

领导干部要讲政治。

Cadres should talk about polities.

这种译法显然是不正确的。talk about 是"谈论"、"说",而"讲政治"中的"讲"强调的是"重视"、"注意",因此译为 talk about 就会显得领导人在高谈阔论,口头上大谈政治,而没有实际的行动,不符合原文的意思。那么,下面这几种译法又如何呢?

(1)Cadres must emphasize politics.

(2)Cadres must give prominence to politics.

(3)Cadres should attach the utmost importance to politics.

上述三种译法虽然都可以接受,但并没有完全准确表达出原文的意思。这里的"政治"既不是口头政治,也不是指上层建筑层面,而是指领导干部要有政治头脑、政治敏锐性。因此,可以尝试以下几种译法。

(1)Cadres should be politically aware.

(2)Cadres should be politically minded.

(3)Cadres should be political conscious.

与前面几种译法相比,上述三种译法与原文的句义更加贴近,虽貌离,神却合。"推敲"二字对于外宣译者而言十分重要,翻译家严复曾说"一名之立,旬月踟蹰",只有刻苦钻研,谨慎对待,才能避免"硬译"、"死译"的现象。

(二)态度中立

外宣翻译是以汉语为信息源,以英语等外国语言为信息载体,向全世界介绍中国的交际活动,其宣传渠道是各种媒体,并以国外民众为主要的传播对象。因此,一方面译者与译文读者之间势必会存在思维方式、情趣爱好、文化观念、审美标准等方面的差异,另一方面译文读者间的这些主、客观因素也是不同的。所以,译者作为原作与译文读者的沟通桥梁,必须顾及双方,不偏不倚,保持中立的立场。既要保护原文作者,又要考虑到译文读者的思维方式,使译作能够较容易地被译文读者接受。

用生态翻译学的理论来解释外宣翻译的过程即是对外宣传过程中交际意图的适应性转换,追求的就是原文与译文之间的交际生态能够最大限度地得到支持和保护。外宣译者突破时空的限制,与原作作者展开平等对话的同时,还要考虑到译文读者的接受能力和阅读需求,继而在原作与译文读者之间寻求一个平衡点,忠实、客观、公正地实现原作与译文读者在语言、文化、交际生态中的平衡与和谐,建立一个健康有序的生态循环,也使原作与译作能够和谐共存与长存。

(三)勤于实践

实践出真知,经验来源于对实践的总结,反过来又指导实践。实践是理论的基础,也是理论的归宿。因此,译者只有在实践中总结经验,多做翻译练习,才能熟能生巧。

翻译理论起的是宏观指导的作用,要经历理论—实践—再上升到理论—再实践的过程,才能形成熟练的翻译技巧,在面对翻译中的难题时较容易地解决。因此,勤于实践也是译者职业素质的基本要求,在实践中练,在实践中学,在实践中进步。

（四）考据求证

善于考据求证是译者的基本职业素质。在信息化高速发展的今天，即使拥有渊博的知识面，也不可能解决翻译中遇到的所有困难。现代化社会政治、经济发展迅速，新词不断涌现，且数量庞大，有的被人接受，有的早已被人们遗忘，还有的纯属个人创造的，稍纵即逝。正如纽马克（Newmark）所言：

In fact, neologisms cannot be accurately quantified, since so many hover between acceptance and oblivion and many are short-lived, individual creations.

工具书是译者进行翻译工作时必不可少的工具，它能够帮助译者温故、知新、求解、辨异。译者要想使译文更加贴切、达意、完善，离不开工具书的使用。多方查证才能避免望文生义。外宣资料的翻译需要译者脚踏实地地去考究、查证、讨教，运用一切可以使用的资源，认真负责，一丝不苟，不能带有一丝的懈怠和马虎。多思考，虚心向老前辈学习，努力使译文做到尽善尽美。①

（五）与时俱进

译者有责任努力提高自身的素质，既包括专业的翻译素质，还要顺应时代的发展潮流，掌握计算机辅助翻译技术。现代技术的快速发展为翻译领域注入了新鲜的活力，云技术和大数据的应用彻底改变了传统的翻译模式。翻译领域正在经历着一场数字化革命。对外宣传翻译的媒介、渠道和手段也越来越多样化。为适应形势的发展，外宣译者要积极融入其中，努力学习新技术，更新外宣翻译的方法，提升翻译效率，提高外宣效果。

此外，翻译行业逐渐呈现出规模化、信息化、市场化、技术化、全球化的特征，其快速的发展对译者自身的职业化要求也越来越高。此外，文化传播是多元的，知识也是变化发展的，译者要能够

---

① 果笑非.外宣翻译人才基本素质论析[J].边疆经济与文化,2012,(5):126—127.

利用信息技术和多学科多领域的知识,完成语言信息的内容的生成、转换和复用,并与时俱进,提升自身素质,依据自己的专业和领域,不断拓宽翻译的范畴和领域。只有这样,才能突破外宣材料自身的制约,顺应语言的发展。例如,"精神文明"将由过去的 spiritual civilization 改为现在的 ethic and culture progress。① 只有这样,才能处于翻译行业的前沿,进而推动对外宣传翻译的发展,并使翻译行业融入全球化的社会经济发展大潮。

三、语言素质

翻译是不同语言和文化间的碰撞交流。有不少学者都认为翻译是一项难于创作的工作。作者在创作时,不受任何语言形式的限制,依据自身的兴趣爱好选择合适的表达,即使遇到某个不容易形容的词,还可以换一种说法,甚至回避。但是,翻译却是不同的,译者要忠实于原文,译作的文体、风格,甚至是表达方式都要最大限度地贴近于原文,译者不能按照自己的喜好随意更改,在遇到不容易表达的词时,还要绞尽脑汁,想方设法将其翻译出来。

外宣翻译比起一般文本的翻译,难度更大,特色性更加显著。因其较强的社会影响力和政治性,外宣翻译在时间上要求也较高,不仅要翻译得快,还要翻译得准,一些方针政策的译法不仅反映了党和政府的立场,还对海外舆论产生着导向作用。因此,外宣译者的语言能力十分重要,需要有良好的语言素质,在熟练掌握本族语的基础上,还要熟练掌握外语。熟练的语言能力是译者进行翻译的基础,从这个意义上讲,单纯地追求翻译技巧和方法就会使翻译成为无源之水。语言能力是译者赖以工作的武器,既包括外语的能力,又包括母语的能力。

外宣翻译中因为语言素质的缺失而导致的误译并不少见,常常引起笑话,出现了所谓的"只可意会,不可言传"的尴尬境地。

---

① 陈争峰,许小花.新闻传播学视角下外宣翻译者的基本素质[J].新闻知识,2012,(4):63.

例如,"野蛮装卸"(rash-and-rough way of loading and unloading)常被误译为 barbarous loading and unloading。

如果上述类似的"劣质"翻译是出自于某些语言功底较薄弱的译者之手,那么下面这些翻译就属于群体性素质的缺失了,这些荒谬的误译会引起非常大的误会。例如,将"拳头产品"(knockout product)误译为 fist product(用拳头制成的产品),将"教师休息室"(faculty lounge)误译为 teacher's restroom(教师专用卫生间),将"街道妇女"(housewives in the neighbourhood)误译为 street woman(在街头出卖色相的妇女)。

凡此种种,都是因为译者在两种语言进行转换的过程中,忽略了原文与译文不同的语义内涵和外延意义。译者要善于分析中外文化及语言的相同之处与不同之处,发现它们之间细微的差异和特点,掌握语言转换的规律和技巧,按照译文读者的思维习惯和接受能力去把握翻译。同时,译者要具有扎实的母语功底,否则理解原作都有困难,更谈不上"达"和"信"了。称职的译者时刻保持警惕,为了最大限度地降低自己的失误,会进行多方查究、考证,对比不同翻译形式之间的优劣。

例如,"个人主义"常被译为 individualism。汉语中的"个人主义"常指一切从个人出发,将个人利益放在集体利益之上,只顾自己,不顾别人的错误思想,是个贬义词。而在英语文化中,individualism 基本上算是个褒义词,常常指充分发挥个人的自由、权利以及独立思考与行动的能力,其在 *The New Oxford English-Chinese Dictionary* 是这样被解释的:the habit or principle of being independent and self-reliant。不难看出,individualism 强调的精神与美国人的价值观和人生观是相符的。而 egoism 则与汉语中的"个人主义"意义相近,其在 *The New Oxford English-Chinese Dictionary* 是这样被解释的:a tendency to be concerned with ideas or issues only in so far as they affect ones as an individual。因此,在外宣翻译中,"个人主义"应译为 egoism,避免产生相反的宣传效果。

又如,"实用主义"常被译为 pragmatism。在句子"我们的改革开放不搞实用主义"中"实用主义"是个贬义词,指"有用的就是真理",而英语中的 pragmatism 则是个褒义词,与汉语中的"实事求是"意义相近,其可以解释为 a method or tendency in philosophy which determines the meaning and truth of all concepts and tests their validity by their practical results,因此如果将"我们的改革开放不搞实用主义"译为"We don't advocate pragmatism in China's reform and opening up."便会带给西方读者困惑,即"我们的改革开放不实事求是",与事实不符。而另一种译法 expediency 恰恰能准确地反映原句的句义。expediency 可以解释为 the doing or consideration of what is of selfish use or advantage rather than what is right or just,因此将原句翻译为"We don not base our policies on expediency in China's reform and opening up."则更加合乎语义。

译者的语言能力是其理解能力的基础,而理解又是正确表达和翻译的基础。只有在准确理解的基础上,才能准确翻译。例如,某地有一旅游景点"鸳鸯林",因为盛产双生的树木而得名,如果不能正确理解此处"鸳鸯"的含义,将其译为 Wood of Mandarin Ducks 就会引起非常大的误会,向译文读者传达出此地盛产鸳鸯的错误信息。正确的译法应该是 Twin-wood Forest。又如,另一风景名胜"龙潭大莱口",其名称的由来是两处地名"龙潭"和"大莱口"合在了一起,如果采用汉语拼音的译法,即使是中国读者也会感到莫名其妙,而译为 Longtan-Dalaikou Scenic Area 就清楚多了。表达是理解的具体化。汉语和英语在词汇、句法、篇章上都存在不少的差异,因此在外宣翻译中,不能对材料生搬硬套。[①]例如:

××市"九五"计划和 2010 年远景目标纲要:以培育高科技、低能耗、节水型、污染少的加工工业为发展目标,把机电、新型材

---

① 沈炜艳.从外宣资料英译中的常见错误看译者应具备的素质[J].东华大学学报,2007,(4):287－290.

料、建筑业、医药、精细化工培育成支柱产业，重振轻纺、食品工业，并加大高新技术产业的开发和投入。

译文：××'s 95 project and the 2010 year's long-range plan say that the aim of the development is to develop the scientific processing industry with economy on energy and water and less pollution；to train the engineering, and eletronic industry, new building material industry, pharmaceutical industry and meticulous chemical industry into the pillar properties；to redevelop light industry, textiles and food processing industry and to increasing and further the development and investment in the property in new and high technology.

对上述外宣材料的翻译就体现出了生搬硬套的现象，如将"'九五'计划"翻译为 95 project，将"机电、新型材料、建筑业"翻译为 the engineering, and eletronic industry, new building material industry，这种译法很容易引起误解，非但不能达到对外宣传的目的，有时还会产生负面影响。可以做如下修改。

改译：According to the Ninth Five-year Plan and the 2010 Long-term Goals of the City，×× will aim at the development of processing industries that are characterized by high technology, low energy cost, water economization and slight pollution, and try to foster the electromechanical industry, the new-material industry, architecture, pharmacy, the fine chemical industry, etc., into pillar industries of the City. Simultaneously, the textile and food industries will regain their past glories, and more work will be done to reinforce the input and exploitation of hi-tech industries.

四、知识素质

广博的知识面是进行翻译工作的有力保证，知识面的宽窄决定了其翻译的质量的高低和速度的快慢。外宣翻译更具有其本身的特殊性，其翻译的内容和题材可谓包罗万象，有时一篇外宣材料会涉及各行各业的知识,不仅包括政治、经济、军事,还有文化、天文、地理、风土人情和历史等方面的内容。各个领域的知识都要懂一些,才能胜任翻译的工作。了解越多的背景知识,对原文的理解也就越深刻,译文中的表述也就越确切。如果译者对这些方面的内容只是一知半解,翻译起来就会很吃力,甚至一头雾水,无从下手,成了英语中的 a jack of all trades,master of none,即杂而不精的人。在对外宣材料进行翻译时,即使译者的语言水平再高,没有一定的常识也是难以保证翻译的质量的。例如,在有关国有企业改革的材料中经常会出现"关停并转"这个词,其字面意思可能比较容易理解,但真正解释起来并进行准确、到位的翻译便需要深入地了解了。又如,有关两岸关系的文章中常会出现"海基会"和"海协会"这两个机构,那么它们的全称是什么? 英文名称又是什么? 分别代表哪些群体? 再如,一些社会新词语"裸考"、"裸婚"、"裸官"又如何准确翻译? 这些问题的解决都依赖于译者的知识素养。

有人认为翻译是一门"杂"学,而译者也应该是一名"杂"家。译者须博览群书,拓宽知识面。例如,在经济新闻稿中经常会提及"积极的财税政策"这样的术语,其字面意思较容易理解,但当翻译"积极的"在经济领域具体指什么时,大多译者都会感到困惑,至于选词的准确性和翻译的质量更是有待商榷了。如果只按照字面意思将其翻译为 active financial and revenue policy,就会给西方读者造成一定的困惑:财税政策是积极的? 难道还有不积极的吗? 在准确理解内涵的基础上,我们选用 proactive 这个词,其与原句的含义十分贴切。

对于译者来说,外宣翻译中的最大困难往往不是翻译本身,而是各种不同的文化中所具有的内涵。译者在熟练掌握语言的基础上,还要对语言背后所蕴含的文化知识有所了解。在遇到棘手的文化问题时,译者要迎难而上,想方设法地加以解决,可以灵活地进行意译或转译。例如,"跳进黄河也洗不清"这句汉语俗语如果按照字面意思翻译就会造成误解,认为太脏连在黄河里都洗不干净了。这种情况下可以选择英语中的对等表达，即"One can't clear up his bad fame if it is put on him."

五、翻译技能

翻译技能是每个译者都应具备的素质。不同的翻译材料，其语言风格、语言形式、交际目的以及交际功能等存在差异，译者在翻译时要运用不同的翻译技巧和策略。

外宣翻译主要是汉译英的翻译，目的是准确无误地向译文读者传达原文的信息要旨，使译文读者可以进行无障碍的信息接收，从而达到良好的宣传效果。译者运用多种不同的翻译技能，如删减、增添、改写、重组等，在翻译过程中充分发挥主观能动性。

总结来说，外宣译者要在选词用语上苦下功夫，尽量使用简短、有说服力的词语。译文英文化，符合译文读者的思维方式和表达习惯。在译文中多使用一些解释性的语句，填补因价值取向、文化差异而造成的理解空白。总之，译者要运用多种翻译策略和技能，灵活地处理文本。

用国际化语言，讲述好中国故事，阐释好中国特色，传播好中国声音是外宣译者的责任和使命。随着我国对外交流活动的日益频繁，外宣译者素质的提高已成为不容忽视的问题。译者在多方面提高自身素质的同时，还要有意识地规范国内的翻译市场，只有这样才能真正提高我国外宣的效果，推动中国融入世界的发展潮流。

第二节　跨文化视域中外宣翻译读者的心理探究

跨文化视域中的外宣翻译是译作与读者相互作用的产物，译作的价值只有在读者阅读的过程中才能实现。因此，有必要对外宣翻译读者的心理进行探究，以更好地实现外宣译作的意义，提高外宣翻译的质量。

一、树立译文读者意识

译文读者的概念具有非常丰富的内涵。首先,译文读者是译作信息的接收者,是拥有丰富感情和生理特点的个体。读者根据自己的认知来认识译作文本内涵,填补意义空缺,并对未定性的内容实现具体化,最终实现译作的意义。其次,译文读者又是群体的、社会的、文化的人,本身具有社会、文化的属性。因此,译者在外宣翻译过程中要增强译文读者意识,关注读者的"期待视野",时刻以满足目标读者的需求为目的,树立为读者服务的意识,采用灵活变通的翻译策略,最大程度上使读者与原文的视野相融合。

具体来讲,译者树立译文读者意识,就是要深入了解读者的个体和群体特征,准确推测其对译作的信息需求、理解能力和期待视野,制定灵活的翻译策略,最大程度上满足其多层次、多方位的需求。① 译者在外宣翻译中是原作与译作读者之间的"桥梁",在明确原作者的意图基础上,还要从译文读者接受的角度出发,在"再创作"时考虑译文读者的"期待视野",才能算是真正意义上地完成了委托人的任务。一方面,译者要准确传达原文信息,选择符合译文读者阅读习惯的表达方式,提高译文读者阅读和理解的便利性。另一方面,还要尽量完整地传递原作中的负载文化信息,使译文读者的视野与译作留有一定的"审美距离",在增强其阅读兴趣的同时,满足了其了解中国社会文化的期待,从而更好地"讲好中国故事"。②

译文读者是完整的翻译活动的终端,是外宣翻译活动中译作信息的最终流通目的地,也是实现翻译价值的最终环节。外宣翻译活动的最终目的是使译文读者通过对译文的理解,从而关注该

---

① 衡孝军.对外宣传翻译理论与实践:北京市外宣用语现状调查与规范[M].北京:世界知识出版社,2011:161-163.

② 沈瑜.从读者接受理论看外宣翻译如何"讲好中国故事"——以《敬业》第二章英译为例[D].北京:北京外国语大学,2015:6.

问题,改变原有的态度,从而发生个体或群体行为的改变,因此译作才能转化为现实的存在,实现翻译的价值。因此,要想提高翻译的质量和效果,必须树立正确的读者观念,树立译文读者意识,深入分析译文读者的心理。

二、关注译文读者心理

关注译文读者的心理,分析其内心情感和审美因素,是在外宣翻译活动中译者的必做功课。

(一)译文读者的心理

译文读者对译作内容的心理需求是影响译作传播效果的重要因素。译文读者对译作内容需求强烈,则阅读的动机指向性越强,译作的传播效果越好;反之,如果译文读者对译作内容的需求不强烈,阅读的指向性就会越低,译作的传播效果就越差。因此,对译文读者的心理分析就显得尤为重要。译文读者的心理既包括个体心理,又包括群体心理。个体心理包括译文读者的年龄、性别、职业、个人经历、文化程度等。群体心理与译文读者的活动群体有关,大多表现为群体中共同的心理特征。

阅读需要和阅读动机也是译文读者心理分析的重要方面。需要是人们为了改变心理上的某种不平衡状态,而表现出的客观需求和必要性,从而进行某种与之相关的积极的活动。美国心理学家马斯洛(Maslow)曾在 1943 年提出了需要层次理论,他认为人是有欲望的动物,为满足某种特定的需求从而产生了动机。他将人类多种多样的需求按照重要性从低级到高级分为了五种,分别是生理需求、安全需求、归属和爱的需求、尊重的需求和自我实现的需求。阅读的需要便是人类随生物进化逐渐显现出来的高级心理需要。阅读动机可以使译文读者产生阅读活动的内在动力,维持其阅读的活动。

（二）译文读者的情感

情感是态度的一部分，是一种复杂又稳定的体验和评价，是人们对客观事物所持的态度体验和相应的行为反应。情感与人的需求有关，需求是其产生的基础。在外宣翻译过程中，如果能够引起译文读者情感和情绪上的共鸣，使其产生良好的态度体验，那么外宣翻译工作的目的就达到了，反之，如果无法使译文读者的情感和情绪处于最佳的状态，外宣翻译的工作的成效还有待加强。

外宣翻译工作中要引起译文读者的注意需要关注其情感上的需求。注意是外宣翻译工作能够带给译文读者认同感和愉悦的心理和生理体验时，读者内心的一种积极的意识状态。当译文读者集中到对外宣传和翻译的作品上时，外宣工作就会取得良好的宣传效果；反之，如果译作不能带给译文读者良好的心理体验，其便不能引起读者的注意，自然就不会产生良好的情感体验。

因此，对外宣传与翻译工作中，译作内容在丰富多彩的同时，还应做到精练准确，用最简练的语言传达出最重要的信息内容。译者要坚持适时、适量和适度的原则，提高对外宣传和翻译的有效性，满足译文读者多层次的需求。

（三）译文读者的修辞心理

对外宣传与翻译的作品要语言生动形象，道理深入浅出，明白易懂，使译文读者能够产生阅读的欲望，并且能够读懂、体会译作的内容和情感。要使译作能够使读者产生艺术、哲理上的共鸣，就要能够影响译文读者的修辞心理，译作的内容、形式、风格和魅力都要符合读者的兴趣爱好、审美口味和气质个性，从而产生相应的理解和联想。修辞对译者和读者来讲，都是一个复杂的心理过程。译者的话语建构只有符合读者的修辞心理，才能使读者的易感知心理，逐渐发展到喜感知心理，最后成为欲感知心理。易感知心理是指译作能够被译文读者接受和理解，喜感知心理是指译文读者在阅读译作的过程中产生了浓厚的兴趣和积极的内心渴望。因此,对外宣传与翻译的作品必须生动形象,是读者喜闻乐见的形式。欲感知心理与读者的阅读欲望有关,读者希望从译作中获得知识和感悟。因此,关注译文读者的修辞心理对于实现对外宣传与翻译文本的意义具有十分重要的作用。

第八章　跨文化视域中的外宣翻译实践

经济全球化的推进使不同民族之间的跨文化交流也逐渐深入,其领域从原来的经济、政治、军事等领域拓展至饮食、建筑、服饰、宗教、民俗、礼仪等多个方面。因此,在进行这些领域的外宣翻译时应始终坚持跨文化的视角,这不仅可使来自不同文化背景的交际者增进理解,也对我国国际形象的树立、巩固大有裨益。因篇幅所限,本章仅对跨文化视域中的旅游、典籍以及特色饮食方面的外宣翻译进行论述。

第一节　跨文化视域中的旅游外宣翻译

所谓旅游外宣翻译,是指一种"跨社会、跨语言、跨心理、跨文化、跨时空的交际活动"(陈刚,2004)。需要特别指出的是,旅游的过程往往也是来自不同文化背景的人们感受强大文化冲突的过程,因此如何处理旅游外宣翻译中的文化因素就成为非常关键的环节。

一、旅游文本的文化内涵

(一)景点解说词中的文化

景点解说词是以说明文体对景点基本情况进行简单介绍,且适用于旅游景点的一种外宣材料,既可传递信息,又间接具有教育功能。一般来说,景点解说词中的文化主要包括历史文化与修辞文化两个部分。

1. 历史文化

旅游景点往往包含着丰富的历史文化内涵,涉及地理、文学、建筑、宗教、艺术等各个方面。因此,为增进旅游者对景点的了解,景点解说词常常为旅游者提供适量的相关知识信息。例如:

白马寺,坐落于河南省洛阳市东十二公里处,北依邙山,南望洛水。始建于东汉永平十一年(公元 68 年),是佛教传入中国后建造的第一座寺院。它对中国佛教的传播和发展,对于中外文化交流,有着重要的意义,在中国佛教史上具有特殊的地位,被尊为"释源"和"祖庭",有"中国第一古刹"之称。

本例是白马寺的景点解说词。虽然只有一百多字的篇幅,但却向游客介绍了白马寺的地理位置、建造历史、特殊意义与地位等信息,从而使该景点在游客心中留下深刻的印象。

2. 修辞文化

旅游者往往希望在旅游过程中得到美的享受和陶冶,因此景点解说词常使用丰富的修辞手法,以达到营造美好意境、提升语句美感的效果。例如:

正中位置是一座典型的土家吊脚楼,一架梯子搭在屋边,屋角挂着成串的玉米和辣椒,楼的左边是小桥流水,楼的后边是良田美池,一个农夫正在扶犁耕田。真是好一幅"小桥流水人家"的童话世界。

本例引用了元朝马致远的《天净沙·秋思》中的"小桥流水人家"这一名句,有效提升了原文的意境。

上甘棠村古色古香、风景如画,是湖南省发现的年代最为久远的千年古村落之一。这里的龙舟赛演历史于古今,生传说于纷纭,珠联爱国情操、悲壮色彩,璧合神秘气氛、拼搏精神,动如摧枯拉朽、轰轰烈烈,势若排山倒海,可歌可泣。

本例采取夸张的修辞手法,阐述了上甘棠村的历史渊源与龙舟赛的文化内涵。

(二)地名中的文化

地名通常包含专名与通名等两个部分,不仅是对某一个具体地理区域的命名,还是对社会发展与变迁过程的记录,具有丰富的历史文化内涵,集中体现在以下几个方面。

1.体现美好愿望

中华民族的伦理道德精神和传统价值观念常通过地名来体现,主要包括以下几种情况。

(1)表达人们对太平、安宁生活的向往。例如,太平桥、永宁河、长安镇、永安市、吉安县、安定门、东安市场等。

(2)反映人们对幸福长寿的美好追求。例如,万寿山、康寿泉等。

(3)体现人们对富强昌盛的愿望。例如,吉祥村、昌水河、福州市等。

2.体现移民历史

在中国历史上出现过若干次大规模的人口迁徙,这些新移民为了寄托对故乡的思念,常常用自己故乡的地名来给新的居住地命名。

例如,明朝政府从山西向北京迁移了大批人口,于是北京出现了很多来自山西的县名,如大兴区东南凤河两岸的长子营、河津营以及顺义西北的夏县营、东降州营等。

3.体现地理环境

地理环境对地名的影响主要体现在以下三个方面。

(1)一些地名体现了地理位置与方位。例如,河南、河北、湖南、湖北、山东、山西、广东、广西等。

(2)汉字的某些偏旁体现了地理环境。例如,与山有关的岗、岩、峦、峰、岭等,与水有关的沙、江、海、津、港、湖等。

（3）一些地名是当地地理特征的鲜明体现。例如,海南岛的五指山是因其形状像五指而得名,齐齐哈尔是因该城市拥有天然的牧场而得名。

4.体现神话故事

汉语中的许多山川、河流的名字都来源于神话故事或者传说。例如,《山海经》中出现的很多山的名称就来自神话传说,如招摇山、宣爰山、浮玉山、会稽山、羽山、柢山、成山等。再如,根据西藏传说,珠穆朗玛峰是由后妃女神变成的。

5.体现历史人物

中国历史上出现的一些人物在人们心中具有持久的影响力,于是他们的出生地或者重要事件的发生地常以这些人物的名字来命名。例如:

太白山(与李白有关)

子龙滩(与赵云有关)

左权县(与左权有关)

关帝庙(与关羽有关)

卧龙岗(与诸葛亮有关)

中山市(与孙中山有关)

黄盖桥(与黄盖有关)

木兰溪(与花木兰有关)

（三）典故中的文化

在邓炎昌与刘润清(1989)看来,"几乎所有的人在说话和写作时都引用历史、传说、文学或宗教中的人物或事件。这些人物或事件就是典故。"可见,典故与特定的历史文化语境密切相关,蕴含着浓厚的民族色彩与丰富的文化内涵。

旅游文本在对景点进行直观描绘的同时,还经常会借助典故来创造意境、烘托气氛并提升旅游的知识性与趣味性。概括来说,旅游文本中的典故具有以下两个特点。

1. 单用与博用

从使用方式来看,旅游文本中的典故主要有单用与博用两种形式。

（1）单用

单用指的是在一句或者一段相对比较完整的行文中融入一个典故。例如：

关中平原素有"八百里米粮川"的美称。

（2）博用

博用通常指的是出现两个及其以上成语、诗词的混合使用。

例如,"周幽王烽火戏诸侯"、"春寒赐浴华清池,温泉水滑洗凝脂;渔阳鼙鼓动地来,惊破霓裳羽衣曲"以及"张杨兵谏双十二"等三个典故相继出现在华清宫陈列馆的介绍文本中。

2. 文化异质

在同景点中,相关典故通常产生在特定的历史文化背景中。例如,"八百里米粮川"沿用了古代人民对关中平原富庶的赞美。

需要注意的是,类似的文化信息在很多外国游客眼中很可能是非常陌生的,这也就成为翻译的难点。

（四）楹联中的文化

楹联又称"对联"、"联语"、"对子"、"对句"、"楹帖",它不仅是有着悠久历史的一种文学形式,还是我国园林景观的重要组成部分。楹联将精深的文化浓缩于短小精悍的文字中,实现了文字信息与书法艺术的完美统一。对于旅游文本中的楹联而言,主要针对的是胜迹联。

所谓胜迹联,是指镌刻、题写在历史遗迹、名山胜水之地或革命纪念地的对联,主要包括陵墓祠庙联、山水园林联、宫院寺观联等。胜迹联常由名人撰写,且常常意旨深远,具有很高的艺术性。

例如：

代裴公称一日主人,风月江山,与此老平分千古；

到石上问三生旧迹,宰官仙佛,想当年定许重来。

（益阳裴公亭联）

概括来说,胜迹联的文化内涵主要体现在以下两个方面。

1. 对仗

对仗是胜迹联的重要结构特征与内在要求,也是其意境美、哲理美、形式美、韵律美的主要表现方式。胜迹联的对仗主要包括以下几种。

（1）正对

正对是指出句与对句在内容、主题上互为关联、互为补充,分别从不同的角度来表现主题。例如：

楼观沧海日,

门对浙江潮。

（杭州灵隐寺观海亭联）

（2）反对

反对是指出句与对句表达正好相反或相对的内容,并通过鲜明的对比来互相映衬,以给读者留下深刻印象。例如：

青山有幸埋忠骨,

白铁无辜铸佞臣。

（岳飞墓联）

（3）宽对

宽对的要求不如工对严格,只要出句与对句在词性、句法结构等方面基本对仗就可以。例如：

石为迎宾开口笑,

山能做主乐天成。

（厦门太平岩联）

本例中,"石"与"山"、"迎宾"与"做主"属于非常工整的对仗,但"开口笑"与"乐天成"则不够严谨,不仅"笑"与"成"具有不同的

180

词性,二者的结构也不相同。

（4）单句对

单句对是指出句与对句并不相对,但出句与对句在本句中可以自对。例如：

志在高山,志在流水；

一客荷樵,一客听琴。

（武汉伯牙台联）

本例中,"志在高山,志在流水"与"一客荷樵,一客听琴"并不相对,但出句中的"志在高山"对"志在流水",对句中的"一客荷樵"对"一客听琴"。

2.修辞

作为一种特殊的语言文字艺术,楹联非常讲究修辞的运用。概括来说,楹联中使用的修辞手法主要包括下面几种。

（1）顶真

顶真是指将前面分句的最后一个字用作后面分句的第一个字,从而使两个相邻分句实现首尾相连。例如：

烟水亭,吸水烟,烟从水起；

风浪井,搏浪风,风自浪兴。

（江西九江甘棠湖烟水亭联）

（2）迭字

迭字又称"叠字",是指在楹联中将某些字重叠起来使用,以此来达到重叠、反复的语言效果。例如：

重重迭迭山,弯弯曲曲路；

高高低低树,叮叮咚咚泉。

（杭州九溪十八涧对联）

（3）谐音

谐音就是对汉字所具有的同音、多义等特点进行充分利用,从而使上下句语带双关,达到"言在此而意在彼"的效果。例如：

海水朝,朝朝朝,朝朝朝落；

浮云长，长长长，长长长消。

（山海关孟姜女庙殿门前廊柱对联）

本例属于同字异读对。作者南宋状元王十朋巧妙利用了"朝"与"长"形同音异、由音生义的特点，描绘出潮涨潮落、浮云长消的美丽画卷。

二、旅游文本的翻译

（一）景点解说词的翻译

景点解说词旨在向旅游者传递与景点相关的信息，因此其译文应体现出准确性、可读性的特点，在语言上则应明白易懂、客观准确。一般来说，进行景点解说词的翻译时可采取下面几种方法。

1. 增译法

当原文中的信息具有特定的文化内涵时，译者应按照译入语读者的欣赏习惯和阅读心理，在译文中适当增加解释或注释，以便使译文更加明了，从而增强译文的宣传效果。例如：

位于开封城西北隅的清明上河园是一座大型宋代文化主题公园。它真实而艺术地再现了张择端的名画《清明上河图》，置身其间，仿佛步入画卷，时光斗转，梦回千年。

Located in the north-west corner of Kaifeng city, Qingming Shanghe Park—a large park with cultural theme, is in the style of Song Dynasty. It is a vivid and artistic reproduction of the famous ancient painting—the Scroll of Pure Brightness Festival on the River by Zhang Zeduan(A. D. 1085—1145, a famous Chinese painter of the North Song Dynasty), which unfolds the prosperity of the flourishing capital of the North Song Dynasty(A. D. 960—1297). Stepping into the garden, you'll find yourself back to ancient China about a thousand years ago.

原文连贯流畅,一目了然,但在译文中有几处必须阐释清楚,否则会引起译文读者的困惑:《清明上河图》作者张择端的背景和宋朝的起始年代。这些背景知识不一定为国外游客所知,须在译文中增加注释,使游客清楚地把握历史信息。这样做虽然会使译文欠流畅,但可以帮助国外游客更好地了解相关信息,唤起他们的旅游兴趣。

2. 减译法

中国人在写事状物时喜欢引用名人名言或古诗词加以验证,但如果直译为英语,就会显得啰唆。在这样的情况下,译者可将这些引用的名人名言或古诗词删去不译,即采取减译法。例如:

这些山峰,连同山上绿竹翠柳,岸边的村民农舍,时而化入水中,时而化入天际,真是"果然佳胜在兴平"。

The hills, the green bamboo, willows and farm houses merge with their reflection in the river and lead visitors to a dreamy world.

本例对"果然佳胜在兴平"进行了引用,译者在翻译时对其予以舍弃,从而使游客的注意力更多地集中在山峰、绿竹、翠柳、农舍等美上,达到了很好的宣传效果。

3. 类比法

当原文中的一些文化形象太复杂或对译入语读者来说过于陌生时,译者可采取类比法,即用目的语中的文化形象去取代原语中的文化形象。例如:

银川是宁夏回族自治区的首府,位于宁夏自治区中心。从明清以来,她就是伊斯兰教在西北部的居住地和传播中心。

Honored as a smaller Mecca, Yinchuan, the capital of Ningxia Hui Autonomous Prefecture, is located in central Ningxia Province. Since the Ming and Qing dynasties, Yinchuan has been a place for Moslems to live and a center of Islamic education in the Northwest.

银川与麦加在特点、地位、作用等方面具有相似性,译者将银川比作麦加,可大大降低译入语读者的理解难度。

4.调整法

英汉语言常常采取不同的表述顺序与方式,其体现的思维方式、文化传统、审美情趣等也存在较大差异。因此,译者应依据具体语境对"形象"与"意象"进行适当的调整和转换。例如:

座座岛屿玲珑小巧,紧密相连,像一串珍珠缀成的项链,环绕着半岛边缘。岛上珊瑚礁红,椰树成片,沙滩如银,景色如诗如画。

Tiny islands, with hunks of coral reef, coconut palms and fine white sand on them, are strung around the edge of the peninsula like a pearl necklace.

译文将原文中的信息和内容按照西方人的思维模式加以重组,使之符合英语的表达习惯,也使译文结构清晰、信息流畅。

(二)地名的翻译

在旅游文本中,地名的翻译通常遵循"音译为主、适当意译"和"约定俗成"的原则以及音译、意译、音意双译等翻译方法。具体来说,旅游文本中的地名翻译通常涉及以下几种情况。

(1)在对一些来源于人名的景点地名进行翻译时,通常遵循"姓前名后、姓名连写"的原则。对于非自然地理实名的翻译,一般将姓和名分开写,人名可在前也可在后。例如:

姓+名+通名	黄继光纪念馆	Huang Jiguang Memorial
姓+名's+通名	中山陵	Sun Yat-sen's Mausoleum
the+通名+of		
+姓+名	昭君墓	the Tomb of Wang Zhaojun

(2)若地名的专名为单音节词,翻译时通常先音译放在专名后组成双音节词。双音节词就应按照汉语拼音进行翻译。例如:

礼县 Lixian County

阳城县 Yangcheng County

如果遇到专有名词相同的情况,为有效区别,译者应加注省、市、自治区通名。例如:

长治市 Changzhi City

长治县 Changzhi County

(3)若地名是简称,译者应按照其全称进行翻译,从而利于外国游客对我国的行政区域的理解,提高旅游宣传效果。例如:

京沪铁路 Beijing-Shanghai Railway

晋察冀边区 Shanxi-Chahar-Hebei Border Area

(4)由于历史原因,一些地名已有约定俗成的译名,译者可直接套用,以避免引起不必要的理解错误。例如:

澳门 Macao

南海 South China Sea

西藏 Tibet

厦门 Amoy

香港 Hong Kong

(三)典故的翻译

在对旅游文本中的典故进行翻译时,为了便于读者用最少的认知努力获得最佳的语境效果,译者应充分发挥其主观能动性,对各种翻译方法进行灵活运用,主要包括下面几种。

1.解释法

为了便于英语游客了解中国文化的魅力,译者应对一些具有特定含义的典故进行解释性的说明,借以增强英语游客对中国文化的了解。例如:

秦始皇 Qin Shi-huang, the first emperor who united China in 221 B.C.

泼水节 Water Sprinkling Festival, a big festival for the Dai

nationality to wish every one happiness by sprinkling water to one another

春节 Spring Festival，a celebration of the traditional Chinese New Year which falls in January or February according to cycles in the Chinese lunar calendar

2. 淡化法

当旅游文本中出现诗词等文学性特别强的典故时，译者可对其语言形式加以淡化，即采取淡化法，并根据当时的语境提炼出诗的主旨大意。例如：

春寒赐浴华清池，温泉水滑洗凝脂；

渔阳鼙鼓动地来，惊破霓裳羽衣曲。

（唐•白居易《长恨歌》）

The romance between Tang Emperor Xuanzong and his favorite lady Yang & the rebellion of An Lushan in Tang Dynasty.

本例是华清宫简介中所引的部分，译者并未将诗文一一译出，而是在翻译时加以淡化。

3. 增译法

根据旅游文本翻译中的增译法，译者可加入源语文本所没有的信息成分，从而使原文的意义更加明确。例如：

周幽王烽火戏诸侯

King You fooled the vassals with the beacon fire to please his concubine in Zhou Dynasty (1100 B. C. —770 B. C.).

本典故在翻译时对时间信息进行了补充。

4. 套用法

当原文中的典故可以在译入语中找到对应项时，译者可直接套用该对应项进行翻译。例如：

在桂林山水王国中，在离都市最近的地方，有一个"世外桃源"。

Among the mountains and waters of Guilin, near the busy city, lies your dreaming Arcadia.

本例译文中的 Arcadia 是古希腊一个民风淳朴的山区的名称,已成为西方文学作品田园牧歌生活的象征,与汉语中的"世外桃源"有异曲同工之妙。因此,译者直接进行了套用。

(四)楹联的翻译

要想将楹联中的文化信息准确、自然地翻译出来,译者不仅要具备开阔的眼界、丰富的知识以及扎实的语言功底,还应掌握娴熟的翻译技巧和策略。一般来说,在进行楹联的翻译时,可采取下面两种方法。

1. 形意兼备法

所谓"形意兼备法",就是指在进行汉语楹联的英译时,一方面要尽力保留汉语楹联的特点,另一方面又要使其含义准确、完整地传递出来,从而实现"以偶对偶,以工对工"的效果。例如:

风声、雨声、读书声,声声入耳;
家事、国事、天下事,事事关心。

（无锡东林书院联）

The sounds of wind, of rain, and of reading aloud all fall upon my ears;

The affairs of the state, of the family, and of the world are all my concerns.

2. "得意忘形"法

在翻译一些在内容上具有特殊性的楹联或者楹联具有深厚文化内涵时,译者不必将其译为对联形式的英文,也不必对原文形式进行全盘复制,而是可以对英语译文进行灵活处理,以便最大限度地传神达意。例如:

朝朝朝朝朝朝朝；

长长长长长长长。

（故宫太和殿对联）

In the morning there is a court,

In the morning there is a court,

Every morning there is a court;

It is permanently growing,

Permanently growing,

Always and eternally growing.

（赖恬昌 译）

三、旅游外宣翻译实践

（一）北京外宣翻译实践

1. 天安门外宣翻译实践

天安门以其500多年厚重的历史内涵，高度浓缩的中华古代文明和现代文明，新中国的象征和无与伦比的政治瞩目和神往，是中国各族人民向往的地方。

Tiananmen Square, with a connotative history of over 500 years, a highly condensed ancient and modem civilization, a symbol of the new PRC as well as its unparalleled political attention and imagination, has became a place where Chinese people of all nationalities long for.

2. 圆明园外宣翻译实践

圆明园是一座珍宝馆，还是一座当时世界上最大的皇家博物馆、艺术馆，收藏着许多珍宝、图书和艺术杰作。里面藏有珍贵书籍、名人字画、金银珠宝等稀世文物，集中了古代文化的精华。圆明园也是一座异木奇花之园，名贵花木多达数百万株。

The Old Summer Palace was not only a treasure museum, but also the world's largest Royal Palace Museum and Art Gallery at that time. Many treasures, books and masterpieces had been collected here, such as rare books, celebrities Crafts and treasure, which are the essence of ancient culture. Besides, it was also a garden with millions kinds of rare plants.

3. 鸟巢外宣翻译实践

国家体育场(鸟巢)位于北京奥林匹克公园中心区南部,为 2008 年第 29 届奥林匹克运动会的主体育场,总占地面积 21 公顷,建筑面积 258 000 平方米,观众坐席约为 91 000 个,其中临时坐席约 11 000 个。这里将举行奥运会、残奥会开闭幕式、田径比赛及足球比赛决赛,奥运会后将成为北京市民广泛参与体育活动及享受体育娱乐的大型专业场所,并成为具有地标性的体育建筑和奥运遗产。

Located in the south of the central area of Beijing Olympic Park, the National Stadium, also named "Bird's Nest", is the main stadium of the 29th Olympic Games in 2008, covering a total area of 21 hectares and building area of 2580000 square meters. With 91000 seats for audiences, including 11000 temporary seats, it will be the host of the opening and closing ceremonies of both Olympic Games and Paralympic Games, the track and field events and football finals. After the 2008 Olympic Games, it will become a large professional stadium for the benefit of Beijing citizens, which will also prove to be a landmark sports building and Olympic legacy.

(二)湖北外宣翻译实践

1. 东湖外宣翻译实践

东湖是最大的楚文化游览中心,楚风浓郁,楚韵精妙,行吟阁名播遐迩,离骚碑誉为"三绝",楚天台气势磅礴,楚才园名人荟萃,楚市、屈原塑像、屈原纪念馆,内涵丰富,美名远扬。

The East Lake Scenic Area is the biggest tourist centre of ancient Chu culture. It revived the Chu style and Chu charm. Xingyin pavilion (make poem while walking) is the nationwide famous scenic spot. Lisao Tomb gains its reputation for the beautiful lyrics on it, the Chu Heaven Platform, which is located at the peak of the Mo Mountain, offers a platform to overlook the whole city. And the Chu Talent Park introduces a lot of ancient celebrities. There are also some other renowned and inspiring scenic spots such as Chu Bazaar, **Quyuan Statue** (Quyuan, the patriotic poet of the Warring States Period〈403—221 B. C.〉who drowned himself in a tributary of the Yangtze River) and Quyuan Memorial.

2. 黄鹤楼外宣翻译实践

黄鹤楼雄踞长江之滨,蛇山之首,背倚万户林立的武昌城,面临汹涌浩荡的长江,相对古雅清俊晴川阁。登上黄鹤楼,武汉三镇的旖旎风光历历在目,辽阔神州的锦绣山河也遥遥在望。由于其独特的地理位置,以及前人流传至今的诗词、文赋、楹联、匾额、摩崖石刻和民间故事,黄鹤楼成为山川与人文景观相互倚重的文化名楼,与湖南岳阳楼、江西滕王阁并称为"江南三大名楼",素来享有"天下绝景"和"天下江山第一楼"的美誉。

Located on the top of Snake Hill, the Yellow Crane Tower stands against Wuchang, faces the vast Yangtze River and the elegant Qingchuan Pavilion. Ascending the tower, you can enjoy the beautiful scenery of Wuhan. Thanks to its unique geological location, and the poems, prose, couplets and folk stories, the Yellow Crane Tower is reputed as one of the "three famous towers south of the Yangtze River". It enjoys such titles as "best scenery under heaven" and "the first tower under heaven".

3. 古琴台外宣翻译实践

古琴台,又名伯牙台,坐落在琴台工人文化宫之内,东对龟山,北临月湖,景色秀丽,是武汉著名的音乐文化古迹。

相传两千多年前春秋战国时期,楚国有位音乐大师俞伯牙,善于鼓琴。有一次伯牙乘船沿江而下,途经汉阳江口,忽遇狂风暴雨,停舟龟山脚下,不一时,雨过天晴,伯牙鼓琴消遣。隐士钟子期闻音赞叹。伯牙抚琴志在高山,子期称赞道:"美哉!巍巍兮若泰山!"伯牙抚琴志在流水,子期又说:"美哉!荡荡兮若江河!"伯牙喜遇知音,便与其结为挚友。约次年再晤。届时,子期病故,伯牙失知音,十分悲痛,于是碎琴绝弦,终身不复鼓琴。后人赞颂其事,在此筑台纪念,成为琴台。

这个故事流传很早,甚广。在两千年以前的《吕氏春秋》,《列子》等书均有记载。据《皇宗书录》记载:"琴台在北宋时已有之。"新中国成立后,党和政府重视文物古迹保护。由武汉市政府和武汉市总工会数次拨款对琴台全面修葺。现成为驰名中外的游览胜地。

Guqin Platform, situated at the foot of the Tortoise Hill in Hanyang, was built in the fifth century to commemorate the profound friendship between Yu Boya, musician of the Chu State and Zhong Ziqi, woodcutter during the Spring and Autumn Period (841 B. C. —477B. C.). It is said Yu Boya was sent to the Chu State as an official of the Jin State. When his boat berthed at the side of the Tortoise Hill, he played guqin (a seven-stringed plucked instrument in some way similar to the zither) and expressed his aspirations in the meaning of "high hill and flowing water". The woodcutter understood the meaning deeply. He stopped to listen respectfully. After that they became bosom friends. Now the saying of "high hill and flowing water" has become a reference to the bosom friends.

The present Guqin Platform was built in 1957 in the style of the rebuilt tower which was completed in the 20th year during the reign of Emperor Guangxu（1874—1908）of the Qing Dynasty（1644—1911）. The landscape is as beautiful as a painting.

（三）河南外宣翻译实践

1. 清明上河园外宣翻译实践

清明上河园（4A）

The Garden of Market in Qingming Festival

清明上河园是按照 1∶1 的比例把宋代著名画家张择端的代表作——堪称中华民族艺术之瑰宝的《清明上河图》复原再现的大型宋代历史文化主题公园,该园占地面积 500 余亩,其中水面 150 亩,拥有大小古船 50 余艘,各种宋式房屋 400 余间,形成了中原地区最大的气势磅礴的宋代古建筑群。

The garden was constructed according to the famous scroll painting by Zhang Zeduan, a famous painter in the Northern Song Dynasty-the painting of *Market in the Qingming Festival* is regarded as one of the treasures of the ancient Chinese Arts. This large-scale recreational garden covers an area of 33 hectares, including 8 hectares of lakes with 50 ancient boats and ships and over 400 rooms decorated in the Song Dynasty style, which is the largest collection of Song buildings in the central plain.

北宋画家张择端绘制的巨幅画卷《清明上河图》,生动形象地描绘了北宋都城开封的繁华景象,主要建筑有城门楼、虹桥、街景、店铺、河道、码头、船坊等。此画现存于北京故宫博物院。

The huge painting—The *Market in the Qingming Festival*, vividly portrays the prosperous scene of the capital of the Northern Song Dynasty, the present Kaifeng. There are numerous buildings like the city gate, the Rainbow Bridge, streets, markets and shops, docks and wharfs. The painting is now kept in the Forbidden City Museum of Beijing.

一朝步入园中,仿似梦回千年。划小船,绕石径,过曲桥,穿街市,登楼阁,听曲艺,看皮影,斗斗鸡,不经意中让你梦回宋朝,依稀跨越历史的长河。

In the garden, you can boat in the Bian River, stroll along the stone paths, pass through the winding bridges and streets, climb the city walls and enjoy the folk acrobatics, such as shadow play and cock-fighting… all of this will make you feel that you are lost in a dream and striding through time back to the Song Dynasty, more than one thousand years ago.

放眼望去,但见,汴河蜿蜒映城,楼宇鳞次栉比。城外小桥流水,杨柳拂面;城内烟雨楼台,繁华浓艳。酒肆茶楼、农家小院、地摊卖艺、当铺商城,俱是人头涌动,或经商或卖艺或歌舞或饮酒,好一片繁华景致!

There are many sites to see in the garden including the winding Bian River which reflects the scenes of the banks on which stand numerous ancient buildings. Outside the city, you can overlook water flowing under bridges; inside, you can see pavilions and buildings in the misty rain as well as farmers' houses, wine shops, teahouses and pawnshops. The streets are crowded with peddlers and performing acrobatics or people having a leisurely drink in the prosperous capital city.

清明上河园作为集历史文化旅游、民俗风情旅游、休闲度假旅游、趣味娱乐旅游和生态环境旅游于一体的主题文化公园,突出体现了观赏性、知识性、娱乐性、参与性和情趣性等特点。

As a living historical culture park, it embodies the features of past time and leads one to appreciation, knowledge, participation and amusement.

作为历史文化旅游景区,清明上河园设立了"宋代科技馆"、"宋代名人馆"、"宋代犹太文化馆"和"张择端纪念馆"。根据宋代历史故事创编了"包公巡案"、"梁山好汉劫囚车"、"武松路救兄嫂"、"王员外招婿"和"李师师艺会青公子"等剧目定时演出。为展现宋代文化艺术之辉煌,大型晚会"东京梦华魂"把宋代东京舞蹈、音乐、服饰融于一体,使您全身心地去体味宋代艺术之美妙绝伦,宋代文化之神韵悠长。

As a historical and cultural tour spot, there are science and technology museums, celebrities, Jewish culture and the Memorial Hall for Zhang Zeduan. You can watch many local operas adapted from historical stories from the Song Dynasty, as well as the great evening performance, *Dongjing's Dream*, which enables you to appreciate the beauty of the art and culture of the Song Dynasty that is presented in its dancing, music and fashion.

作为民俗风情旅游景区,清明上河园对流传至今的宋代民间手工艺和民俗文化进行广泛征集,对失传的古老艺术进行挖掘、抢救,并在园内集中体现。游于园中您可尽情欣赏如汴绣、木版年画、官瓷、茶道、纺织、面人、糖人等手工艺术的现场表演制作,以及曲艺、杂耍、博彩、驯鸟、斗鸡、斗狗等民俗风情表演。

As a scenic spot for folk-custom tours, Chinese authorities have done a lot to preserve folk handcrafts and folk customs. You can see the process of making handicrafts, such as Bian embroidery, paintings for new years, enamel wares, tea ceremony, spinning and weaving, figures made from flour and sugar and folk-custom performances, such as acrobatics, folk arts and performances of birds, fighting cocks and dogs.

作为休闲度假旅游景区,清明上河园集中以宋文化为主题的各式旅游纪念品,汇集了各种开封传统风味小吃于园中,您可随意选购、随心遍尝。您可登上大宋古船,在身着宋装的艄公和纤夫的带领下,沿 3 800 米长的汴河,尽赏两岸风光。按照三星级标准建设的宋代风格的驿站,不但是您休憩的好地方,也是您更深入地体验宋代文化的好地方。

As a scenic spot for leisure tours, you can buy various souvenirs of Song style and traditional local snacks in the garden. You can tour along the 3,800 meter Bian River to enjoy the scenery in the garden with boatmen and trackers dressed in Song style clothing. And the three-star houses of Song style are ideal places for you to have a rest and to experience the Song culture further.

作为趣味娱乐旅游景区,清明上河园有别于其他古迹旅游,讲求游客的参与性,从中真正体味游园所带来的情趣与快乐。在这里您不但是游客又可以是演员,在"王员外招婿"中您能有幸成为王员外的乘龙快婿,与王员外貌若天仙的女儿拜堂成亲,同入洞房,共享花烛,在"大宋科举"中您能有幸做个宋代状元,以实现金榜题名、光宗耀祖的夙愿。园中还建有大型宋代游乐场所,荡秋千、荡宋船、知难而进、进退两难、平衡竞标等宋代民间娱乐设施让您尽情恣意。

As a scenic spot for amusement tours, it is unique in that tourists are fully allowed to interact with and participate in the living history park, thus ensuring their enjoyment while visiting the garden. Here, you are not only a visitor, but an actor. For example, you can act as Mr. Right in the competition for marrying Mr. Wang's beautiful daughter and have the opportunity to enjoy the traditional wedding festivities. And you can be the No. 1 Scholar in the imperial examination to bring honor to your ancestors. There is a large amusement hall built in the Song style, where many amusement activities are held, including swings, balance beams and many other amusements.

作为生态环境旅游景区,清明上河园,按照《清明上河图》原始布局建造、绿化,整个景区展现出一种返璞归真、回归自然的古风与神韵,充分体现了人与自然的和谐统一,使久居闹市喧哗中的您疲惫的身心得到全面的放松,使您的生活灵感得到全面激发。

As an ecological scenic spot, this garden was built and forested according to the *Market in the Qingming Festival*. The whole garden combines natural beauty with historical flavor, thus forming a favorable place to have a true rest and evoke your full energy both physically and spiritually.

2. 大相国寺外宣翻译实践

开封大相国寺(4A)

Xiangguo Temple

千古名刹——开封大相国寺,坐落于"七朝古都"开封市中心。开封是"富丽甲天下"、"自古帝王都"的历史文化古城,民间向有"一苏二杭三汴州"之说。其气宇非凡的大相国寺,更是一座在中国佛教史上有着卓越地位和广泛影响的著名寺院。传说中,此寺原为战国魏公子无忌——信陵君的宅院。后寺院毁于战火,唐景云二年(公元711年)重建。延和元年(公元712年),唐睿宗诏改寺名为大相国寺,御书"大相国寺"寺名,以纪念自己从相王当上皇帝。

The time-honored Xiangguo Temple lies in the downtown area of Kaifeng, the Capital of Seven Dynasties, which was once the most prosperous city in the world and is a historical and cultural ancient city now. There is an old folk saying, "The first beauty is Suzhou (a garden city in Jiangsu province in southeast of China), the second Hangzhou (the capital city of Zhejiang province in southeast of China) and the third Kaifeng". The magnificent Grand Xiangguo Temple plays an important role in Chinese Buddhism. The Temple is said to have been the residence of Prince Wuji (also called Xin Lin Jun) in the Wei State of the Warring Period. Unfortunately, it was destroyed in the war and never rebuilt until the 2nd year of Jingyun in the Period of the Tang Dynasty (711A. D.). The Emperor Ruizong of the Tang Dynasty renamed the Temple "Xiangguo" and inscribed the name himself in A. D. 712 in order to celebrate his ascension to the throne.

唐宋两代是相国寺的鼎盛时期。尤其是北宋时期,相国寺屡有增修,成为全国最大的佛教寺院,全寺占地 500 余亩,辖 64 个禅院、律院,养僧 1 000 余人,其建筑之辉煌瑰丽,有"金碧辉映,云霞失容"之称。同时,相国寺的主持由皇帝赐封。皇帝平日巡幸、祈祷、恭谢,以至进士题名也多在此举行。所以相国寺又称"皇家寺"。北宋灭亡后,相国寺遭到了严重破坏,以后各代屡加重修,时盛时衰。现在相国寺的主要建筑都是清代遗物,布局严谨,殿宇崇丽,高大宽敞,巍峨壮观,确不愧为久负盛名的古寺宝刹。

The Peak period of the Xiangguo Temple was during the Tang and Song Dynasty, especially in the Northern Song Dynasty when it became the top Temple in China, in terms of its scale and magnificent constructions: it covers an area of 33 hectares including 64 Zen courtyards and other branches under its administration, housing more than one thousand monks. Its complex buildings were recorded as the most splendid ones in the world, with its abbots given titles by emperors. As the imperial Temple then, Xiangguo Temple also served as a place for imperial activities, such as, the celebrations of the emperor's birthday, blessings, or burning incense for worship, even the ceremony to sanction successful candidates for the imperial examination. As the Northern Song Dynasty came to an end, the Temple was destroyed by the Jin troops. And the flourishing Temple was doomed to bad luck in the succeeding dynasties, in spite of being repaired and renovated several times. All main buildings in the

Temple today were built in the Qing Dynasty, and appear compact in the pattern of its spacious and grand halls. It is really worthy of the reputation as one of the top ancient Temples in China.

香烟缭绕,彩幡飘舞;梵钟之音,远播千里。大相国寺成了中外佛教交流的重要场所。唐代,日本高僧空海赴长安学习佛法,曾寄居大相国寺。回日后,他在弘扬佛法的同时,创造了日本文字"片假名"。宋代,每逢海外僧侣来华,皇帝多诏令大相国寺接待;四方使节抵汴,必定入寺巡礼观光。宋神宗时,日僧成寻曾率弟子前来巡拜。日本佛教界出于对大相国寺的钦慕,在京都也设立了相国寺,并承中土佛教之风,将禅寺中高等级者列为"五山十刹"。

Surrounded by burning incense and colorful flags, with its elegant bell ringing, Xiangguo Temple is a key place in exchanging Buddhist culture between China and foreign countries. In the Tang Dynasty, the Japanese monk Konghai, who came to China to learn Buddhism in Chang'an (today's Xi'an), once stayed and studied in the Xiangguo Temple. After his return to Japan, he not only preached Buddhism, but also created the Japanese characters for the written words. In the Song Dynasty, Xiangguo Temple was the imperial reception center for foreign monks, and a place often visited by ambassadors from other countries. During the period of Emperor Shenzong of the Song Dynasty, a group of Japanese monks worshipped there; and then built a Temple in Kyoto, which was also titled "Xiangguo Temple", out of the respect to the Great Xiangguo Temple in China.

千年古寺,再现旧貌;名城名刹,清香远播。1992 年 11 月 6 日,海内外 4 000 余位高僧大德参加大相国寺举行的"佛像开光、迎奉藏经和方丈升座"等庆典活动,原中国佛教协会会长赵朴初出席,并赠送大相国寺《乾隆版大藏经》一部、共 7000 余册。日本相国寺尾谷宗忍长老一行 19 人,也参加此次庆典,并与大相国寺签署了缔结友好寺院的协议书。

The ancient Temple is preserved quite well and this makes it famous in the world. On Nov. 6th, 1992, 4,000 abbots, both from home and abroad, attended the celebration activities of the opening of the Buddha figure, the welcoming and worshipping ceremony of the Buddhist sutra, and the succession ceremony of the abbot of the Xiangguo Temple. Zhao Puchu, the previous chairman of China's Buddhist Association, attended the ceremony and presented the Great Buddhist Sutra from the Emperor Qianlong Period, which includes more than 7,000 books. Moreover, a Japanese delegation of 19 monks had signed the agreement of friendly temples.

现在的大相国寺,占地 30 亩,保存有天王殿、大雄宝殿、八角琉璃殿、藏经楼等殿宇古迹。由新加坡灵山寺赠送的释迦牟尼真身舍利,于 1993 年安奉于寺内。各殿安奉的佛像金碧辉煌、制作精良,均为佛教雕塑艺术的珍品。八角琉璃殿中心亭的一尊银杏木雕千手千眼观音像,更是蜚声海内外。这尊雕像高达 7 米,像分四面,每面分四层,各雕手臂千只,精美至极,雕琢于乾隆年间(1736—1785),历时 50 多年,工艺之精,造型之美,举世无双,极为珍贵。

Now, the Xiangguo Temple covers an area of two hectares, with ancient relics including the Tianwang Hall, the Daxiong Hall, the Octagonal Glazed Hall, and the scripture-keeping tower. In 1993, the Sakyamuni's sari-putta (remains of the burned bones) given by the Linshan Temple, Singapore, was enshrined here. And all of the blazing Arhats in the halls are considered treasures of Buddhism. In the Octagonal Glazed Hall, there stands a large four-faced wooden statue of Kwan-yin with one thousand delicate arms. It was carved out of one gingko tree trunk, with a height of 7 meters. It took over 50 years to complete the carving. Its divine workmanship and magnificent shape are unparalleled and are culturally valuable to the world, thus the statue holds a great reputation both at home and abroad.

每逢新年伊始,瑞气旋升,大相国寺都要举行元宵灯会。鼓响灯炽,火树银花,古老的寺院在灿烂的灯火辉映下,充盈着国泰民安的祥和之光。文娱活动,异彩纷呈;人流涌动,摩踵接肩;红男绿女,扶老携少,或欣赏巧夺天工的灯饰,或参加丰富多彩的游艺活动,尽情享受着节日的欢欣。每逢金秋十月,寺满黄花,城满芬芳,随着开封市菊花花会的开幕,一年一度的水陆法会,又在对世界和平、人民安乐的真诚的祈祷声中拉开序幕。梵音雄浑,祈祝五谷丰登、百业兴旺、国家强盛、万世太平;霜钟叩击,声震八方,法轮常转,佛日增辉,千年古刹,再获新生。

At the beginning of the lunar New Year, the annual Lantern Festival is held here. With the shining lanterns, fireworks, and sweet sound of songs and drums, the beautiful Temple foresees the peace and prosperity of the country and the happiness of people. Whenever there are cultural activities, people of all ages rush out to this ancient Temple where they can enjoy themselves through either appreciating beautiful lanterns or participating in various traditional performances. In October, the Temple is fragrant with chrysanthemums. After the opening of the Kaifeng chrysanthemum exhibition, the annual prayer ceremony opens with praying for the peace of the world and the health of the people. The resounding recitation prays for a good harvest, prosperity and peace for the country; the resounding bell ring blesses the prosperity of Buddhism and this ancient Temple.

3. 龙门石窟外宣翻译实践

龙门石窟(国家 4A 级景区、世界文化遗产、国家文物保护单

位)

The Longmen Grottoes (National AAAA Scenic Spot, World Cultural Heritage, National Culture Relic Reserving Unit)

龙门石窟是我国四大石窟之一,位于洛阳市南郊 13 公里处。这里青山绿水,万象生辉。龙门石窟凿于北魏孝文帝迁都洛阳前后(A. D. 493),嗣后历经西魏、东魏、北齐、隋、唐、五代的营造,从而在这里形成了南北长达一公里、具有两千余座窟龛和十万余尊造像的石窟遗存。这历时 500 多年的营造过程中,包含北魏和盛唐两个造像的高潮阶段。至今,保存在伊阙两山的数以千计的像龛,绝大多数都是这两个时代的文化遗产。

Longmen Grottoes, one of the four Grottoes of China, is located in a beautiful place of green mountains and clear water, 13 kilometers away to the south of Luoyang. The grottoes were started around the year 493 when Emperor Xiaowen of the Northern Wei Dynasty (386—534) moved the capital to Luoyang and were continuously built during the 400 years until the Northern Song Dynasty (960—1127). The scenery measures 1,000 metres (about 1,094 yards) from north to south where there are over 2,300 holes and niches, 2,800 steles, 1,300 caves and 100,000 statues. Most of them are the works of the Northern Wei Dynasty and the flourishing age of the Tang Dynasty (618—907). Thousands of niches and statues on Yique Mountain were mostly carved in the Northern Wei Dynasty and the booming period of the Tang Dynasty, the two climaxes in the continuous building of 500 years.

在北魏时期雕凿的众多洞窟中,以古阳洞、宾阳中洞和莲花洞、石窟寺这几个洞窟最有代表价值。其中古阳洞集中了北魏迁都洛阳初期的一批皇室贵族和宫廷大臣的造像,典型地反映出北魏王朝举国佞佛的历史情态。这些形制瑰异、琳琅满目的石刻作品,代表着石窟寺艺术流入洛阳以后最早出现的一种犍陀罗佛教美术风格。

Among the numerous caves chiseled in the Northern Wei Dynasty, the Guyang Cave, the Middle Binyang Cave, the Lianhua Cave and the Shikusi Cave are the representatives. Statues of the royal family members, aristocrats and ministers of the Northern Wei Dynasty during the capital-moving period were kept in the Guyang Cave reflected the typical historical worship of Buddhism of the whole nation in the Northern Wei Dynasty. These marvelous stone carvings of fancy appearances show the typical style of the earliest grotto art of Gandhara Buddhism sculptures in Luoyang.

唐代龙门石窟的重点洞窟中,以卢舍那像龛一组尺度宏伟的艺术群雕琢最为著名。这座依据《华严经》雕凿的敞开式像龛,以雍容大度、气势非凡的卢舍那佛为中心,用一周极富情态质感的美术群体形象,将佛国世界那种充满了祥和色彩的理想意境表达得淋漓尽致、流韵绵长。

Among the key grottoes built in the Tang Dynasty here, the grand cluster statues of Vairocana Buddha are the most impressive of all. Centered by the statue of the Buddha Vairocana which carries an air of grace, divinity and magnanimity, the open grotto shrine built according to the description of the Hua-yen Sutr expressed artistically and thoroughly an ideal Buddhism world of peace and lenity with a cluster of images of vivid appearances and infectious expressions.

世界遗产委员会评价:

Comments of World Cultural Heritage Committee:

龙门地区的石窟和佛龛展现了中国北魏晚期至唐代(公元493—907 年)期间,最具规模和最为优秀的造型艺术。这些翔实描述佛教中宗教题材的艺术作品,代表了中国石刻艺术的最高峰。

The Grottoes and Buddha niches in the Longmen area indicate the most outstanding ancient Chinese sculpture arts of the largest scale during the period ranging from the late Northern Wei Dynasty to the Tang Dynasty (493—907 A. D.). These art works of Buddhism describing religious subjects with details and accuracy represent the peak of Chinese artistic stone carving.

魏窟——公元 495 年魏宗室丘慧成开始在龙门山开凿古阳洞,500—523 年魏宣武帝、魏孝明帝连续开凿宾阳洞的北中南三个大石窟,石阳洞和宾阳洞的修建共费人工 80 万以上,还开凿了药方洞和东魏时开凿的莲花洞等石窟。北朝石窟都在龙门山,古阳洞自慧成至东魏末 50 多年的营造,表现出众多的中国艺术形式,大佛姿态也由云冈石窟的雄健可畏转变为龙门石窟的温和可亲。以宾阳中洞主佛为代表的佛像,人物面部含着微笑,龙门石窟比云冈石窟表现出更多的中国艺术佛像。

Wei Dynasty Grottoes—The Guyang Cave was first built in 495 A. D. by Qiu Huicheng, a royal member of the Wei Dynasty, and the three caves of the Binyang Grotto built since 500 to 523 A. D. by two Wei Emperors cost more than 800,000 people in labor. Other grottoes built in this dynasty include the Yaofang Grotto (Prescriptions Grotto) and the Lianhua Grotto built in the Eastern Wei Dynasty. Stone Buddha statues in the Guyang Grotto whose construction lasted for more than 50 years and others represented by the major Buddha statue in the Middle Binyang Grotto built in this historical period on the Longmen Mountain are all amiable and agreeable in expressions with smiles, quite different from those august ones in the Yungang Grottoes (another famous grottoes in Shanxi province), showing more artistic Buddha statues of typical Chinese style.

唐窟——最盛期是唐朝,占石窟总数的 60% 以上,武则天执政时期开凿的石窟占唐代石窟的多数。奉先寺是最具有代表性的唐窟,二菩萨 70 尺,迦叶、阿难、金刚、神王各高 50 尺(唐代长度)。规模之大,在龙门石窟中称第一,先后用了四年时间,武则天自己出钱二万贯。

Tang Dynasty Grottoes—Most of the grottoes here, 60%, to be exact, were built in the Tang Dynasty, a flourishing age for grottoes, especially in the age of Queen Wu Zetian. The Fengxian Temple Grotto completed in four years, sponsored by the Queen herself with a donation of 20,000 guan (guan, a string of 1,000 coins in ancient China), is a representative as well as the largest among all grottoes in Longmen. With 2 Bodhisattvas of 13.25 meters tall and several attendants of 10.5 meters tall standing aside, the major statue (the Buddha Vairocana) sitting in the center is 17.14 meters tall, overwhelming in size, with majesty and artistic value.

龙门二十品是珍贵的魏碑体书法艺术的精品,代表了魏碑体,字形端正大方,气势刚健有力,是隶书向楷体过渡中的一种字体,有十九品在古阳洞内。

Among the 20 Longmen Statue Epigraphs, invaluable treasures holding the essence of the calligraphy of the Weibei (Steles of the Wei Dynasty) Style, 19 of them are cherished in the Guyang Grotto. Those graceful Chinese characters carrying a vigorous air represent the transitional calligraphy from the Li Style (official script, an ancient style of calligraphy) to the Kai Style (the standard script).

宾阳中洞是北魏时期(公元 386—512 年)的代表性作品。这个洞窟前后用了 24 年才建成,是开凿时间最长的一个洞窟。洞内有 11 尊大佛像。主像释迦牟尼像,面部清秀,神情自然,堪称北魏中期石雕艺术的杰作。主像座前刻有两只姿态雄健的石狮。左右侍立二弟子,二菩萨,菩萨像含笑凝眸,温柔敦厚。洞中还雕刻着众菩萨,弟子听法的浮雕像,栩栩如生。窟顶飞天仙子的刻画也十分传神。

Being a masterpiece of the Northern Wei Dynasty (386—512 A. D.), the Middle Binyang Grotto took 24 years to complete, the most time-consuming of all. Among the 11 large Buddha statues, the statue of Sakyamuni, the major one in the grotto, is a masterpiece of stone carving in the middle Northern Wei Dynasty, with his natural expressions and comely face. In front of the major statue stand two strong lions, guarding. Two disciples and two Bodhisattvas are standing aside, the latter with gentle and sincere smiles on the face. The embossment of Bodhisattvas and disciples absorbed in the Buddhism lecture are very vivid, just like the lifelike carvings of apsarases (flying female Buddha of lower status) on the roof.

奉先寺是龙门石窟中最大的一个窟,长宽各 30 余米。奉先寺的不平凡,在于中间那尊巨大的卢舍那雕像,实在是一件精美绝伦的艺术杰作。卢舍那佛像总高 17.14 米,头高 4 米,耳长 1.9 米。据佛经说,卢舍那意即光明遍照。这尊佛像,丰颐秀目,嘴角微翘,呈微笑状,头部稍低,略作俯视态,宛若一位睿智而慈祥的中年妇女,令人敬而不惧。有人评论说,在塑造这尊佛像时,把高尚的情操、丰富的感情、开阔的胸怀和典雅的外貌完美地结合在一起,因此它具有巨大的艺术魅力。

Fengxian Temple Grotto, the largest among all grottoes here, is more than 30 meters both in length and width. What makes the Fengxian Temple Grotto prominent is the tremendous statue of the Buddha Vairocana sitting in the middle which is really an incomparably superior masterpiece of great beauty. It is 17.14 metres (about 56.23 feet) in total height with the head four metres (about 13 feet) tall and the ears 1.9 metres (about 6.2 feet) in length. Vairocana means illuminating all things in the sutra. With slightly plump cheeks, comely eyes, delicately upturned lips of a smile and a looking down face leaning downward a little, the statue impresses people as a mature woman of profound wisdom and mercy instead of an august Buddha, winning the respect of people instead of fear. It is said that her great artistic fascination came from a perfect combination of great virtues, rich sentiments, the generous mind and elegant appearances in the carving.

整个奉先寺的雕塑群是一个完美的艺术整体。卢舍那大佛侧旁还有其弟子阿难、迦叶、胁侍菩萨和力士、天王的雕像。这些雕像，有的慈祥，有的虔诚，再看边上的天王、力士像，则是面目狰狞、咄咄逼人，把主像烘托得更突出。

The sculpture complex of the Fengxian Temple Grotto is a perfect artistic integration. Disciples, Bodhisattvas standing beside the great statue of Buddha Vairocana are either kind or devout while the warriors and heaven lords are either ferocious or aggressive, serving as perfect foils to the grace of the major statue.

古阳洞是龙门石窟中开凿最早、内容最丰富的一座，也是北魏时期的另一代表洞窟。古阳洞中有很多佛龛造像，这些佛龛造像多有题记，记录了当时造像者的姓名，造像年月及缘由，这些都是研究北魏书法和雕刻艺术的珍贵资料。中国书法史上的里程碑"龙门二十品"，大部分集中在这里。"龙门二十品"代表了魏碑体，字体端正大方，气势刚健有力，是龙门石窟碑刻书法艺术的精华，历来为世人所推崇。

Guyang Grotto, the earliest and the most substantial one, is another representative grotto built in the North Wei Dynasty. The epigraphs of the large amount of statue niches in the Guyang Grotto recording the date, the reason of building the statue and the name of the builder are very valuable for the study on calligraphy and sculpture of the Northern Wei Dynasty. Most of the 20 Longmen Statue Epigraphs, the prominent landmark in the history of Chinese calligraphy, can be found here. Representing the calligraphy of the Weibei (Steles of the Wei Dynasty) Style, these graceful Chinese characters carrying a vigorous air hold the essence of the inscription calligraphy of the Longmen Grottoes, highly praised by people of all generations.

还有一个药方洞,刻有 140 个药方,反映了我国古代医学的成就。把一些药方刻在石碑上或洞窟中,在别的地方也有发现,这是古代医学成就传之后世的一个重要方法。

The Yaofang Grotto (Prescriptions Grotto) with 140 inscriptions of medical prescriptions reflected the ancient glory of Chinese medicine. Carving medical prescriptions into stones is an important way to hand down medical achievements to later generations, as similar cases were found in other places.

龙门石窟还保留有大量的宗教、美术、书法、音乐、服饰、医药、建筑和中外交通等方面的实物史料。因此,它又是一座大型的石刻艺术博物馆。

The Longmen Grottoes, a large museum built with stone carvings, house lots of substantial materials in religion, art, calligraphy, music, clothing and accessories, medicine, architecture, transportation and exchanges between China and other countries.

第二节　跨文化视域中的典籍外宣翻译

所谓"典籍",是指经过历史的淘汰选择,被人们所公认的、代表一个民族的文化水平所达到的高度、深度和广度的著作。[①] 本节就以《论语》、《成都志》为例来对典籍外宣翻译进行探讨。

---

① 徐珺,霍跃红.典籍英译:文化翻译观下的异化策略与中国英语[J].外语与外语教学,2008,(7):45.

一、《论语》外宣翻译

《论语》是对孔子言与行的记录，是儒家思想的集中反映，它的翻译一直是宣传中国传统文化的重要途径和手段。

（一）《论语》的文化内涵

在奈达（Nida，2001）看来，翻译中涉及的文化因素主要包括概念文化、语言文化、物质文化、生态文化和社会文化等五个类别。《论语》是中国儒家文化的优秀代表著作，蕴含大量文化成分，具有丰富的文化内涵，对中国社会的历史、政治以及人民生活具有深远的影响。下面就进行具体分析。

1.《论语》中的概念文化

《论语》中的概念文化主要包括一些概念与术语，涉及民族精神、思维方式、价值观、世界观、宗教信仰等层面。例如：

子曰："君子坦荡荡，小人常戚戚。"

（《论语·述而》）

"君子"在西周典籍中是贵族男子的通称。"君子"在《论语》中出现多次，除个别地方继承原意外，已由身份贵贱的称号演变为道德修养水平高低的称号。

2.《论语》中的语言文化

每种语言都有它自己所独具的性格、习性、脾气、癖好、气质，也即是说有它自己的语言个性（高健，1999）。汉语有四种声调，多使用多音字、象声词以及四字成语。此外，汉语还常常使用排比、对偶等修辞手法。这些语言个性在《论语》中得到了淋漓尽致的体现。例如：

子曰："君子周而不比，小人比而不周。"

（《论语·为政》）

对偶是用结构形式相同、字数相等、意义对称的一对短语或句子来表达两个相对或相近意思的修辞方式。对偶修辞的使用不仅赋予语句音韵美,还实现了表意凝练、便于吟诵的效果。

3.《论语》中的物质文化

一般来说,物质文化包括器皿、食物、服装、住处、交通工具等。一个民族的物质文化往往为本民族所特有,其物质实体也难以向其他民族进行解释与说明。《论语》中多次提及春秋时代的工艺品,如"馨"、"觚"、"木铎"、"瑚琏"等。例如:

子贡问曰:"赐也何如?"

子曰:"女,器也。"

曰:"何器也?"

曰:"瑚琏也。"

(《论语·公冶长》)

瑚、琏皆宗庙礼器,是古代宗庙盛放黍稷的祭器。孔子以瑚琏比子贡,是说子贡对于国家社稷,乃是大器,具有治国才能。

4.《论语》中的生态文化

生态文化是个含义很广的概念,山河、动植的名字和地名以及它们的联想意义等都属于生态文化的范畴。例如:

子曰:"凤鸟不至,河不出图,吾已矣夫!"

(《论语·子罕》)

"凤鸟"指凤凰,传说帝舜时和周文王时都曾出现,预示着时代的兴盛、事业的成功。"图"指河图。据记载,伏羲氏时代曾在黄河中出现一条龙马,背上有一张图,就是后来伏羲氏画八卦时所根据的"河图",古代人们把这样的事看作是圣明君王出现的一种征兆。因此,黄河不出河图则不是圣明之世,指时当乱世。

5.《论语》中的社会文化

《论语》中的社会文化包括礼仪、称谓、风俗习惯、生活方式、行为习惯以及文学和艺术成就等。例如:

子贡曰："《诗》云:'如切如磋,如琢如磨'其斯之谓与?"

(《论语·学而》)

"如切如磋,如琢如磨"出自《诗经·卫风·淇奥》,本来指把骨头、象牙、玉石、石头等加工制成器物的工艺:切制、锉平、雕刻、磨光。这里引申指君子的自我修养过程。

(二)《论语》的翻译

1. 归化法

归化是指源语的语言形式、文化传统和习惯的处理以目的语为归宿,换言之,用符合目的语的文化传统和语言习惯的"最贴近自然对等"概念进行翻译,以实现功能对等或动态对等。[①] 为减少西方对中国和中国人的曲解,在对《论语》进行英译时,应以归化策略为主。例如:

颜回、子路侍。子曰:"盍各言尔志?"子路曰:"愿车马衣轻裘与朋友共,敝之而无憾。"颜回曰:"愿无伐善,无施劳。"子路曰:"愿闻子之志。"子曰:老者安之,朋友信之,少者怀之。"

(《论语》第五篇)

On one occasion, when two of his disciples, the favorite Yen Hui and Chung Yu the intrepid, were in attendance on him, Confucius said to them," Now tell me, each of you, your aim in the conduct of life."

"I would like,"answered the intrepid Chung Yu,"If I had carriages and horses and clothing of costly furs, to share them with my friends, to be able to consider such things as much belonging to them as belonging to me."

"And I,"answered the favorite Yen Hui, "I would like to be able not to boast of my ability and to be able to be humble in my

---

① 武锐. 翻译理论探索[M]. 南京:东南大学出版社,2010:128.

estimate of what I have done for others. "

（辜鸿铭 译）

本例中,为了便于读者了解原文的意义,译者大胆采用了归化法,不仅保留了"颜回"和"子路"的名字,还把他们比拟成福音书中的圣徒约翰(St John of the Confucius Gospel)和彼得(St Peter of the Confucius Gospel),从而有效地消除了译文读者对源语文化的生疏感,有助于读者把握全文的意义。

2. 替代法

所谓替代法,就是用蕴含目标语文化的表达方式取代蕴含源语文化的表达方式。需要注意的是,使用替代法时应以不引起错误理解为前提。例如:

颜渊死。子曰:"噫! 天丧予! 天丧予!"

（《论语·先进》）

When Yan Yuan died, The Master said: "Alas! Heaven is destroying me, Heaven is destroying me!"

（潘富恩、温少霞 译）

When Yan Hui died, the Master cried, "Oh my! Tian 天 is the ruin of me! Tian is the ruin of me. "

（安乐哲、罗思文 译）

潘富恩、温少霞将"天"与"Heaven"对等,但由于"天"和"Heaven"在中西两种文化中所代表的意象并不对等,译文读者对原文的理解就会出现一定的偏差,有时候甚至会出现误解。

不难发现,安乐哲(Roger Ames)和罗思文(Henry Rosemont, Jr.)通过汉语拼音附带汉字"天"来处理,其用意在于"通常所用的英文译法'Heaven'为之强加了若干中国文化没有的,源自耶稣-基督传统的意象"。(安乐哲,2003)在很多语境中,单独使用的"天"字实际上是在指代"天地"——它暗示"天"并不是独立于世的。《圣经》中的上帝常常被转喻为创世之"Heaven",而文言文中的"天"即是世界。

211

3. 文内明示法

文内明示法即文内意译法，有时也可将直译与意译有机结合在一起。文内明示法不会对读者的阅读造成影响，但因其介绍语篇外文化的空间有限，不可避免会削弱原文含蓄的审美效果。例如：

子曰："无为而治者，其舜也与？夫何为哉？恭己正南面而已矣。"

（《论语·卫灵公》）

The Master said, "To rule doing nothing, that was Shun's way. What did he do? He merely placed himself gravely and reverently in his imperial seat; that was all."

（潘富恩、温少霞 译）

古代以坐北朝南为尊位，故帝王诸侯见群臣，或卿大夫见僚属，皆面向南而坐，因用"南面"以指居帝王或诸侯、卿大夫之位。潘富恩、温少霞舍去"南面"的形象，将其意译为 imperial seat。

4. 文外作注法

文外作注法就是文内直译法，即先对原文进行直译，然后在注释或脚注之中对有关文化专有项进行说明。文外作注法会中断读者的思路，但其优点在于保留原文特点，并对中国传统文化进行详细介绍。例如：

孰谓鄹人之子知礼乎？

（《论语·八佾》）

Do not tell me that this son of a villager from Tsou is expert in matters of ritual.

Footnote：A village with which Confucius's family had been connected.

（韦利 译）

根据《史记》的记载，孔子生鲁昌平乡陬邑是也。陬，一作鄹，一作耶。这里的"鄹人之子"指孔子,暗含不敬之意。韦利(Arthur Waley)在译文中直译,通过脚注对"鄹"进行了补充说明。

二、《成都志》外宣翻译

方志是中国典籍的重要组成部分,对于了解地方的政治、经济、军事、地理、历史、文化、方物以社会发展状况等都具有重要意义。《成都志》具有深厚的文化价值,是我国文化外宣的重要载体,因此《成都志》的外宣翻译就成为世界了解中国、了解成都的重要窗口。

一般来说,《成都志》的外宣翻译主要采取归化法与异化法。

(一)归化法

归化法(domestication 或 adaption)是指译者在对源语的语言形式、语言习惯和文化传统进行处理时,用符合目的语的语言习惯和文化传统的"最贴近自然对等"概念进行替换翻译。归化法的优点在于译文读起来比较地道和生动,可使普通读者更好地理解原文,消除隔阂,从而真正达到对外宣传与文化交流的目的。例如:

饮食习俗方面,有"川菜之魂"美名的郫县豆瓣酱,就是经客家人陈逸仙及后代创制而成,由此引起川人由喜食姜蒜类低度辛辣嗜味习惯向以麻辣为主的高度辛辣嗜味习惯转变,最终孕育出以麻、辣、鲜、香为主味型的川菜大系列。

For example, as far as diet habit is concerned, Pi Xian Dou Ban which enjoys a great reputation as "the soul of Si Chuan cuisine" is the creation of Chen Yixian and his Hakka descendants. This has changed Sichuan people from their favoring low spicy taste of ginger a garlic to the habit of eating high spicy taste which is pungent and spicy. Eventually, the Sichuan people developed a diet habit of palsy, spicy, fresh and savory food, which has been one of the major food serial in China.

本例采取归化法,将"麻辣鲜香"译为 palsy, spicy, fresh and savory food,使得文本更加生动且易于读者理解。需要特别指出的是,译文在框架结构与语篇形式方面也与英语读者的表达习惯十分吻合,这对于提高译文的外宣效果大有裨益。

清代的场镇市场首先兴起于成都市区近郊,如清初成都县的青龙场、苏坡场、青羊场、马家场,华阳县的中和场、太平场、红牌楼场、白家场、黄龙溪场等。随着城市商业的繁荣,场镇市场迅速发展。据统计,乾隆时期今成都市范围内共有大小场镇 51 个;嘉庆时期,场镇达到 195 个;到清末 20 世纪初进一步发展到 370 个。

First emerged in Chengdu and its suburban districts in Qing Dynasty, Market towns, have many representatives in this area. For example, in Chengdu County, there are Qinglong Market, Supo Market, Qingyang Market and Majia Market. While in Huayang County, there were Zhonghe Market, Taiping Market, Hongpailou Market, Baijia Market, Huanglongxi Market, etc. With the development of urban business, the Market towns developed rapidly. According to the statistics, in Qian Long Period (1735—1796) there were 51 Market towns (whether big or small) in Chengdu. During Jia Qing Period(1796—1820), the Market towns reached to 195 and the number had further developed to 370 in the early 20th century.

场镇文化是川西古老的历史民风。本例译文没有将场镇音译为 Chang Zhen,而是采取归化的策略,将其译为 market 一词,十分利于译入语读者的理解。此外,在对"乾隆时期"、"嘉庆时期"等特定历史名词进行翻译时,译者在归化法的基础上进行了时间注释,这不仅能让译入语读者读懂中国的历史,还能引导他们去探究这一时期的人文历史。

(二)异化法

异化法(alienation 或 foreignization)是指译者在翻译时忽略

目的语读者的接受水平,使译作在风格和形式上完全保留源语的语言特点、文化思想和艺术特色。异化法的使用有利于保留原文的异国情调,从而提升文化软实力。例如:

高适和岑参是唐时著名的边塞诗人,并称"高岑"。高适曾在成都出任剑南西川节度使,是"以诗人为戎帅"第一人。在蜀期间,对流寓至成都的友人杜甫在生活上多有帮助,公元 760 年,高适在蜀州(今成都崇州)作《人日寄杜二拾遗》,这是高适晚年最感人的作品。

Gao Shi and Cen Shen were renowned poets of the Borders-and-Frontier-Fortress Poets Group in Tang Dynasty. Gao,who took the office of Jie Du Shi(a military governor in Tang Dynasty) at Jian Nan Xi Chuan,set a precedent for being the poet and general in Chinese history. During the performance of Gao's official duties in Shu,he gave a lot of support to Du Fu,the great poet of Tang Dynasty,renowned as the "sage of poem" but had trouble with his life and vagabonded to Chengdu in order to find a shelter to avoid the chaos caused by An Lushan and Shi Siming. And it was in the year 760 that Gao Shi wrote a poem called *Much Miss to Du Fu in Ren Festival*,the most moving poem in Gao's later years in Chengdu.

"边塞诗人"是古代以戍边生活和边疆风景为题材写作的诗人,他们常通过对塞外生活、边疆风光的描写来表达自己的远大抱负与高尚节操。在翻译过程中,人名、地名、官名的翻译是最为考究的部分。不难发现,译者采取了异化法,具体表现在以下两个方面。

(1)人名、地名的翻译采取音译法。例如:

高适 Gao Shi

岑参 Cen Shen

杜甫 Du Fu

剑南西川 Jian Nan Xi Chuan

(2)官名的翻译采取音译加注法。例如：

节度使 Jie Du Shi(a military governor in Tang Dynasty)

需要特别说明的是,归化法与异化法各有特色,译者应根据具体语境的需要来灵活取舍。换句话说,只有将归化与异化有机结合在一起,才能最大限度地实现外宣翻译的效果。

第三节　跨文化视域中的特色饮食外宣翻译

农业文明时期的生产力水平较低,人们常常吃不饱饭,所以"民以食为天"的观念深入人心,并由此形成了博大精深的特色饮食。本节就以河南、新疆、四川、山西、安徽、海南等地的特色饮食为例来对其外宣翻译进行探讨。

一、河南特色饮食外宣翻译

(一)河南特色饮食概述

自古以来,河南就是人口大省与农业大省,河南人民在长期的农业实践中逐渐创造出独具特色的饮食文化。总体来看,河南饮食既兼收其他菜系的精华,又很好地保留了传统技艺与地方风味,具有以下几个方面的特点。

1.选材用料讲究

河南饮食在选料上广泛而严谨,往往具有独特的要求。例如,"鞭杆鳝鱼、马蹄鳖,每年吃在三四月"、"鸡吃谷熟,鱼吃十"、"鲤吃一尺,鲫吃八寸"等。

2.制汤水平高超

河南饮食中的汤有丰富的种类,如清汤、毛汤、白汤、头汤等。此外,汤的种类不同,制作要求也不同。例如,汤清则见底,味道清醇；汤浓则乳白，浓厚挂唇。因此，河南有"唱戏的腔、做菜的汤"的说法。

3.烹调方法丰富

河南饮食的烹调方法有烧、扒、熘、炸、炒、爆、烩等50多种，刀工精细，配菜恰当，做出的美食口味不重、种类繁多，在中国饮食文化中具有极高的地位。

4.口味以咸为主

河南饮食的总体口味是以咸为主，五味调和，酸甜适中，酸而不苦，鲜嫩爽口，酥烂不浓。此外，菜品还具有纯朴大方、色形典雅的特点。

（二）河南特色饮食的翻译

1.主食的翻译

一些特色主食常以其来源命名，如"博望"、"固始"、"潢川"、"开封"等。此外，一些主食名称是对该种饮食的特指，如"锅盔"、"桩馍"等。在对这类主食进行翻译时，通常采用音译加意译法。例如：

博望锅盔 Bowang guokui

蔡记蒸饺 steamed jiaozi in Cai Family style

固始县雷家烧饼 shaobing in Lei Family style in Gushi county

潢川县高桩馍 gaozhuangmo in Huangchuanxian style

鸡蛋灌饼 egg-coated bing

开封灌汤包 Kaifeng steamed baozi stuffed with juicy meat

双麻火烧 huoshao with sesames on both sides

2.菜品的翻译

在对菜品进行翻译时，应在译文中体现菜的产地或主料。必

要时,可采取"主料 in…style"的结构。例如:

汴京烤鸭 roast duck in Kaifeng style

道口烧鸡 Daokou roast chicken

怀庆府驴肉 Huaiqingfu donkey meat

焦作柿饼 Jiaozuo dries persimmon

开封套四宝 Kaifeng set meal of four treasures

开封桶子鸡 Kaifeng bucket-shaped chicken

罗山县烤鹅掌 roast goose's in Luoshanxian style

萧记三鲜烩面 Noodles cooked with triple delight in Xiao Family style

郑州烩面 Zhengzhou stewed noodles

3.汤类的翻译

对汤类进行翻译时,通常采取"主料+汤"的结构。例如:

不翻汤(洛阳酸汤) Luoyang sour soup

豆腐汤 tofu soup

牛肉汤 beef soup

三狠汤 three-strong-flavor soup

山楂汤 haw soup

丸子汤 meatball soup

新乡甜汤 Xinxiang sweet soup

二、新疆特色饮食外宣翻译

(一)新疆特色饮食概述

新疆位于中国西部边陲。这里生活着 40 多个民族,汇聚了基督教、伊斯兰教和佛教,容纳了阿拉伯文化、希腊罗马文化、印度文化以及中原文化。从地理环境来看,新疆南部以绿洲农耕文化为主,新疆北部则以草原游牧文化为主。因此,草原牧猎、绿洲农耕和高原半农半牧等形成了新疆的三大主要生产方式,并由此使新疆的饮食具有了多样、包容的特点。具体来说,新疆既有汉、回等非游牧民族饮食又有塔吉克、哈萨克、蒙古等的草原游牧民族饮食,既有锡伯、汉、蒙古等的非穆斯林饮食文化又有信仰伊斯兰教的回、维吾尔、哈萨克等的清真饮食文化。下面对各类饮食进行列举。

（1）非游牧民族饮食。例如：

新疆拌面 mix long noodle with vegetable

油条 deep-fried twisted dough stick

馄饨 wonton；ravioli soup

西北酿皮 sheet jelly of wheat starch in spicy sauce

（2）游牧民族饮食。例如：

水煮羊肉 stewed mutton

烤包子 kaobaozi(samsa)

酸奶 yogurt

馕包肉 Xinjiang style braised lamb chops with nan-bread

（3）非清真饮食。例如：

炒双脆 fried kidney with pork tripe

炒腰花 stir-fried pig's kidney

叉烧肉 roast pork fillet

烤乳猪 roast piglet；roast suckling pig

肉卷 grilled bun with minced pork stuffing

猪肉炒饭 fried rice with pork；pork fried rice

（4）清真饮食。例如：

揪片子 piece hand noodle

羊汤 lamb soup

羊饺 lamb dumpling

牛饺 beef dumpling

葱爆羊肉 sauteed sliced lamb with green onion

（二）新疆特色饮食的翻译

一般来说,在对新疆特色饮食进行翻译时,可采取下面几种方法。

1. 意译法

新疆饮食在用料、做法、食用场合等方面常常有独特的要求。为了深化译入语读者的理解,译者可采取意译法。例如:

回族粉汤 jelly soup（It is the favorite food to the Hui. When Roza and Corba fall，jelly soup is served at every Hui household to treat friends and relatives. Before getting married，the Hui girls are expected to make to learn to cook it. To make jelly soup，one is expected to make jelly lump first and then cut it into cubes to mix with mutton soup，vegetables and spices.）

2. 音译意译结合法

大部分新疆饮食的名称都难以在英语中找到对应语,为避免出现译入语的语义真空,译者可采取音译加意译的方法。例如:

新疆大盘鸡 dapanji（large-place fried chicken and potato）

本例译文不仅向译入语读者介绍了菜品的主料与制作方法,还有利于"大盘鸡"这一名称的宣传推广,可谓一举两得。

3. 借用法

新疆的一些民族信仰伊斯兰教,他们的饮食与阿拉伯人非常相似。阿拉伯语影响面广、使用人数多,是世界六大语言之一,其中的一部分饮食词汇已为西方游客所熟知。因此,译者可采取借用法,即直接借用阿拉伯语的名称。例如:

烤肉 shish kebab

抓饭 pilaf

三、四川特色饮食外宣翻译

（一）四川特色饮食概述

很多少数民族都在四川生活,这些少数民族由于经济水平、生活习惯、地理条件的不同而形成了各具特色的饮食。总体来说，四川饮食具有风味各异、品种繁多、制作精细、选料讲究的特点，是四川各少数民族的价值观念、人文情怀、风俗习惯的综合体现。

值得一提的是，四川饮食的命名具有浓郁的地域性文化特色，其构成方式主要包括以下几种。

1.富含民族韵味

很多四川饮食名称都带有地方或民族的语音特征。例如：糌粑。

糌粑由炒熟的青稞制成，是藏族人的重要主食。糌粑的发音就源于原汁原味的藏语，生动地体现出该食物的民族特色。

此外，苗族的血灌肠，土家族的血豆腐，回族的八宝饭，羌族的金裹银、面蒸蒸以及彝族的砣砣肉、转转酒等名称都饱含着强烈的民族地域特色。

2.力求简洁明了

为了方便记忆与传播，很多四川饮食的名称都具有朗朗上口、言简意赅的特点。具体来说，大多数饮食名称的字数都在四字以下。例如，布依族的鸡肉稀饭、五色花饭，苗族的辣椒骨、血灌肠、酸汤鱼，纳西族的吹猪肝、饵块，藏族的奶茶、糌粑，回族的馓子、油香、炸糕、干粮馍、八宝饭等。

3.秉承写实原则

为突出饮食的制作材料、制作工具、制作方法、口味口感等基本信息，很多四川饮食的命名都采取写实方法。例如，苗族的辣椒骨、酸汤鱼，纳西族的鸡炖豆腐、鸡豆凉粉，回族的炸糕、烤羊肉串，羌族的羌香老腊、洋芋糍粑、玉米搅团、竹筒腊肉饭，藏族的青稞酒、手抓肉以及彝族的燕麦面、荞麦饼等。

（二）四川特色饮食的翻译

四川特色饮食的翻译既要使译文符合译入语的表达习惯，又要传递饮食所蕴含的文化信息，通常可采取下面几种方法。

1.音译加注法

音译法可增强译入语读者对四川饮食的直观感受，但却难以传递用料、做法等信息。因此，译者可先进行音译，然后适当添加注解，即采取音译加注法。例如：

八宝饭 Babaofan（rice pudding with eight-delicious ingredients）

馓子 Sanzi（fried dough twist）

油茶 Youcha（fried-flour porridge with almonds and peanuts）

糌粑 Tsamba（a snack made of highland barley flour）

2.直译法

直译法的使用有利于增进译入语读者对菜品原料、烹饪方法、外形、色彩的理解，具体包括以下几个类别。

（1）主料＋配料。例如：

辣椒骨 chili bone

荞麦饼 buckwheat pancake

青稞酒 barley wine

酸汤鱼 fish in sour soup

燕麦面 oat noodles

（2）烹饪方式＋原料。例如：

炒饵块 stir-fried rice pancake

吹猪肝 dried preserved liver

烤乳猪 roast suckling pig

烤羊肉串 roasted mutton cubes

面蒸蒸 steamed corn rice

（3）产地＋原料。例如：

羌家扣香碗 Qiang style steamed meat dumpling slice

羌香老腊 Qiang flavor preserved pork

（4）原料＋器皿。例如：

竹筒腊肉饭 steamed preserved pork in bamboo tube

3.意译法

四川饮食中的一些菜名很难体现烹饪技法与主要材料。在对这类饮食进行翻译时,译者可采取意译法,从而将菜品的实质信息展现出来。例如：

金裹银 rice covered corn pudding

银裹金 corn covered rice pudding

上述两例中的"金"指玉米,"银"指大米,因此用玉米粉夹裹大米就称为"金裹银",反之则称为"银裹金"。需要特别说明的是,"金"与"银"不仅是食材的代表,还是富贵、吉祥的象征,这就使这道饮食具有了美好的寓意。若将"金"与"银"分别直译为 gold 与 silver,则很难体现其文化内涵。因此,译者在此采取了意译法,将菜点的真正原料明确无误地传译给了译入语读者。

4.意译加注法

某些四川民族小吃的名称过于简练,仅采取意译法仍有信息传译不完整的缺欠。此时,为使西方食客看得明白、吃得放心,译者可采取意译加注法,即在意译的基础上补充一些必要信息。例如：

炸糕 fried flour cake with filling

本例将原文中没有明确体现出来的原料传译出来,对外国食客的选择大有裨益。

酥油茶 Tibetan yak buttered tea

酥油茶是藏族的特色饮料,以牦牛黄油和茶叶为主要原料。

其具体的制作方法是:将茶水与牦牛黄油混合并通过击打使二者溶合,加入食盐后即做成奶香馥郁的酥油茶。本例译文既突出了该饮料的民族风味,又向译入语读者展示了"油"的真实内涵。

采取意译加注法的例子还有很多。例如:

苗族血豆腐 blood tofu(blood in tofu shape,Miao style)

布依族血豆腐 blood tofu(baked tofu with lard,Buyi style)

琵琶肉 salt-preserved pork in pipa shape(shaped like a pi-pa,a Chinese traditional musical instrument)

5. 对等法

某些四川饮食与西方饮食在原料、制作工艺等方面有一定的相似性。在对这些饮食进行翻译时,译者可借用西方饮食的名称,并在此基础上进行适当的说明,即采取对等法。例如:

洋芋糍粑 Chinese mashed potatoes

酸菜玉米搅团 mashed corn soup with sour prickled vegetable

土豆泥是一种十分常见的西方食品,上述两例中的糍粑与搅团的前期制作方法与土豆泥非常相似,其区别在于后期制作时所使用的汤料与作料有所不同。译者借用了西方的 mashed potatoes,并突出了四川饮食的特色,既有利于西方读者的接受,又起到了推荐饮食的积极作用。

四、山西特色饮食外宣翻译

(一)山西特色饮食概述

山西素有"小杂粮王国"之称,是中国面食文化的发祥地,因此有"世界面食在中国,中国面食在山西,山西面食看晋中"的说法。晋中盆地的自然条件得天独厚,非常适合五谷杂粮的生长,再加上山西人的勤劳与智慧,就形成了具有浓郁黄土高原气息的面食文化。

概括来说,山西的面食文化具有以下几个特点。

1. 制作工具丰富

山西面食的制作工具多种多样,如石子(pebble)、剪刀(scissors)、抿面床(squeezer)、河漏床(presser)、漏勺(colander)、削面刀(paring knife)、擀面杖(rolling pin)等。

2. 选用食材繁多

山西面食遵循"粗粮细作、细粮精作"的原则,经常食用的材料就有五六十种,如荞麦面(buckwheat flour)、莜面(oat flour)、豆面(soybean flour)、高粱面(sorghum flour)、玉米面(corn flour)、小麦面(wheat flour)等。

3. 制作方法多样

山西面食以白面及其他作物为基本原料,却能变换出刀削面、包皮面、猫耳朵、拉面、剔尖、剥面、切面、饸饹、揪片等几十种花样,充分体现出中国人丰富的想象力。

4. 食用方式灵活

面食在食用时常常依个人习惯来搭配小料(seasonings)、浇头(topping)和菜码(shredded or sliced vegetables)等。此外,搭配的食材还常依据季节的改变而改变,这样的方式既提色增味,又体现出当地的饮食养生理念。

(二)山西特色饮食的翻译

山西具有特殊的地理环境与独特的人文历史,这就使山西饮食的地域特征更加鲜明。因此,在对山西饮食进行翻译时通常采取深描法,从而更加充分地展现其文化内涵。例如:

刀削面

The Sliced Noodles are a typical food for the people in the

middle of Shanxi Province. Kneading the dough until it is even and smooth, people carry the dough with their left hands and use the right hands to slice the dough into the boiling water by using a special curved knife. There is a variety of spices to go with the noodles, such as ketchup and minced meat (usually pork or mutton). People also add some fresh vegetables and a little vinegar to improve the natural flavor of the noodles.

刀削面出现于元朝,当时刀具受到严格的管制。一个很偶然的机会,人们发现用薄铁片来代替菜刀可以制作出柳叶形状的面片。更让人惊喜的是,这样的面片外滑内筋,别有一番风味。后来,这种面食制作方法随着人口的流动与经济的发展而逐渐传播开来。需要特别说明的是,刀削面的口感与外形不仅值得称赞,其制作过程本身就是一场赏心悦目的表演。上述译文将刀削面的制作过程生动传译了出来,实现了文化传播的功能。

剪刀面

Noodles Cut with Scissors are made not by the knife but by the famous local scissors. It has been popular with both the ordinary people and royal court since 1,000 years ago. The noodles are usually matched with a topping of different choices, including meat (diced or minced pork, lamb, etc.) and vegetables (different kinds of diced or shredded vegetables by means of starch). Vinegar, soy sauce, sesame oil and other seasonings are added to enhance the flavor. There was a local tradition that women ate Noodles Cut with Scissors to express their love while their husbands were not at home.

剪刀面因使用剪刀制作而得名,是山西的金牌面食之一。剪刀面出现于隋朝末年的晋中地区,距今已有 1 000 多年的历史。在晋中当地还有这样的传说:如果丈夫走西口,常年独自生活的妻子便每日中午都吃剪刀面,以表达对丈夫的思念之情。上述译文较好地体现出了剪刀面的文化内涵。

包皮面

Baopi Noodles (Noodles Made of Wheat Flour and Sorghum Flour) appeared when people suffered from food shortage. At that time, wheat flour was in short supply while less refined grains were sticky and coarse. People began to wrap sorghum flour with a layer of wheat flour, so that is became unsticky, smooth, and easy to swallow, and it tasted tough and chewy. Baopi Noodles are usually served with ketchup, minced meat, sliced cucumber and coriander. In the old times, mothers-in-law used to test their daughters-in-law in managing household ability by doing this kind of noodles. It was Baopi Noodles that reminded people of their difficult times.

"包皮面"(Baopi Noodles)又称"夹心面",是在特殊情况下出现的面食。具体来说,在生活困难时期,白面等细粮数量有限,玉米面、高粱面等粗粮又口感太差,于是人们想出一个办法,即将面条做成三层,中间一层是粗粮,上下两层是白面,既解决了吃不饱饭的问题,又解决了粗粮的口感问题。食用时,可搭配肉末卤或西红柿酱以及香菜、黄瓜等时令蔬菜,外观鲜艳、筋道清香。此外,能否做出包皮面还是婆婆检验媳妇持家本领的重要内容。本例译文充分展示了包皮面的文化渊源与制作方法。

五、安徽特色饮食外宣翻译

(一)安徽特色饮食概述

徽菜发源于皖、浙、赣三省交界处,在唐宋时期逐渐形成。后来,随着徽商的脚步,徽菜在明清时期达到鼎盛,成为我国传统八大菜系之一。徽菜不仅具有历史的烙印,还是当地审美情趣、伦理道德、文化传统的集中体现。

概括来说,徽菜的菜名主要包括写实型与写意型两个类别。

1. 写实型菜名

写实型菜名主要根据菜品的烹饪方法与实际用料来命名,有利于展示菜品的原料与特点。例如,黄山炖鸽、石耳炖鸡等。

2. 写意型菜名

写意型菜名一般不体现烹饪方法与实际用料,而更多地运用典故或修辞手法来传递历史文化信息、展现美好寓意。例如:

一品锅

明朝时,石台县"四部尚书"毕锵的夫人余氏被封为一品诰命夫人。她发明的这道菜被皇帝大加赞赏,并赐名为"一品锅",于是这个名称便传承至今。

凤炖牡丹

本例中的凤为整鸡,牡丹为猪肚。采取"凤"与"牡丹"的名称巧妙地掩盖了真正的食材,凭借"凤凰于飞、琴瑟和鸣"的诗句及牡丹的雍容华贵来表达金玉满堂的含义。

(二)安徽特色饮食的翻译

在对安徽饮食进行翻译时,应依据菜品的不同命名方式来采取相应的翻译方法。

1. 写实型菜名的翻译

写实型菜名的翻译通常采取直译的方法,具体可采取以下几种结构。

(1)主料+(配料/汤汁)。例如:

什锦虾球 shrimp balls with assorted vegetables

白汁鳜鱼 mandarin fish with creamy sauce

酱汁虾 shrimp in brown sauce

(2)地名+style。例如:

徽式坛子肉 diced pork in pot, Huizhou style

（3）造型／口感＋原料。例如：

五香兔脯 spiced rabbit meat

（4）烹调方法＋主料＋（配料／汤汁）。例如：

红烧划水 braised black carp tails in brown sauce

2.写意型菜名的翻译

（1）音译法。例如：

炒饭 chow fan

炒面 chow mein

馄饨 wonton

一品锅 yi pin pot

（2）直译加注法。例如：

方腊鱼 Fangla Mandarin Fish (General Fangla defeated the enemy by misleading them with Mandarin Fish)

北宋末年,方腊巧妙利用鱼群制造假象,带领起义军打败敌人。这道菜就是为了纪念方腊而做。直译加注的方法较好地体现了这道菜品的历史文化内涵。

百花朝凤 All Flowers Paying Homage to the Phoenix (Steamed Chicken with Stuffing)

若不加括号内的注解,译入语读者很可能如坠云里雾里,增加注解后则有利于他们的理解。

（3）意译法。例如：

菊花鸡丝 shredded chicken with scallion

本例的主料为鸡丝,大葱及其他配料被摆放成菊花的形状。直译出的译文会令译入语读者误以为菊花是主料。译者采取意译法,向译入语读者还原了菜品的真实材料。

鱼咬羊 stewed fish stuffed with lamb

这道菜品的做法是将羊肉填充到鱼肚子里,因此被形象地称为"鱼咬羊"。如果直译出来,则不可避免会产生误解,意译后的译文可以有效避免这种情况的发生。

六、海南特色饮食外宣翻译

(一)海南特色饮食概述

海南是中国的第一大岛,是名副其实的"陆产千名、海产万类"的海洋大省,有水果 29 科、蔬菜 120 余种以及海洋鱼类 600 多种,形成了独特的岛屿饮食文化。

海南地处热带地区,在饮食上严格遵循"不鲜不活不入席"的原则。在制作工艺上,海南饮食以"清"为主要特色,常使用炖盅、原汁、汤烟、清蒸、清炖、白切等手法,食材的选择则优先考虑自然、健康、生态、环保等因素。此外,海南饮食不仅色香味俱佳,还具有极强的养生作用。

需要特别说明的是,海南是著名的侨乡,有 300 多万华人华侨旅居世界 50 多个国家和地区。同时,海南除汉族外,还有黎、苗、回等多个少数民族,这就使海南饮食既有异域风情又有独特的民族风格。

(二)海南特色饮食的翻译

在对海南饮食进行翻译时,通常采取直译法,以更好地体现饮食的材料、工艺、口感等特色。具体来说,译者可遵循以下几种结构。

(1)主料＋动词适当形式＋(介词)＋(汁/汤料/配料)。例如:

海南椰丝/蓉包 Hainan steamed bun stuffed with shredded coconut

琼州椰子盅/煲 Qiongzhou coconut pot

椰奶鸡 chicken stewed with milk and coconut juice

椰奶咖啡蚵 coconut milk, curry oil

椰丝糯米粑 coconut sticky rice cake

椰丝糯米卷 shredded coconut sticky rice roll

椰香高粱粑 sorghum and rice steamed with coconut

椰香果 steamed coconut

椰香木薯糕 coconut cassava cake

椰汁板兰糕 steamed cake with coconut juice and Pandan

椰汁糕 coconut pudding

椰子水炖鸡汤/椰子水煲鸡 chicken stewed with coconut juice

（2）动词过去分词＋主料＋（介词）＋（汁/配料/汤料）。

例如：

白灼对虾 scalded prawns with sauce

干煸东山羊 dry-fried Dongshan mutton

海南煎粽 fried Zongzi in Hainan style

海南全家福 stewed assorted delicacies

胡椒猪肚煲 braised pork tripe with bitter melon and pepper

烤东山羊腿 Dongshan Gigot in Hainan style

临高（烤）乳猪 Lin'gao roast pigling

清蒸大龙虾 steamed lobster in clear soup

清蒸河乐蟹 steamed hele crabs

石山扣羊肉 boiled Shishan mutton

水晶文昌鸡 sliced boiled Wenchang chicken

万泉（河）鲤 steamed Wanquan river carp

小炒东山羊 fried Dongshan mutton

椰汁南瓜煲 stewed pumpkin with coconut juice

（3）地名或人名音译＋主（配）料。例如：

抱罗粉 Baoluo rice noodles

博鳌鸡绿藤 Boao local special dessert

博鳌天使之吻（鸡尾酒）Boao Angle's kiss (cocktail)

海的故事特调奶茶 sea story milk tea

海南粉 Hainan rice noodles

海南绿茶 Hainan green tea

海南萝卜糕 Hainan radish cake

海南水满茶 Shuiman tea

南杀（黎家酸菜）Nansha (Li minority pickles)

曲口血蚶 Qukou blood clam

山兰酒 Shanlan wine

温泉鹅 Wenquan goose

（4）动词过去分词＋主料＋（介词）＋（汁/汤料/配料）。其中，动词过去分词与主料的顺序可以调换。例如：

琼海农家苙饭 rice cooked in coconut leaves

昌江白斩乳羊 Changjiang boiled lamb

竹筒饭 rice cooked in bamboo tubes

（5）（动词过去分词）＋主（配）料，地名、人名、特产、职业、行业＋style。例如：

海南红鱼粽 salted snapper, Hainan style

海南腌粉 rice noodles, Hainan style

海南宇（头）饭 rice cooked with taros, Hainan style

后安粉 rice noodles with haslet, Hou'an style

黎族甜糟 sweet ale, Li minority style

陵水酸粉 sour rice noodles, Lingshui style

（6）主（配）料＋意译。例如：

海南鱼茶 Hainan fish tea

海南槟榔果茶 Hainan areca tea

海南鹿龟酒 Hainan dear and tortoise wine

海南茸血酒 Hainan antler blood wine

海南鸡饭 Hainan chicken rice

海南粽 Hainan glutinous rice dumpling

石山壅羊 Shishan mutton hotpot

参考文献

［1］［清］曹雪芹著,杨宪益、戴乃迭译.红楼梦［M］.北京:外文出版社,1978.

［2］安乐哲,罗思文.《论语》的哲学诠释［M］.北京:中国社会科学出版社,2003.

［3］白靖宇.文化与翻译(修订版)［M］.北京:中国社会科学出版社,2010.

［4］陈刚.旅游翻译与涉外导游［M］.北京:中国对外翻译出版公司,2004.

［5］邓炎昌,刘润清.语言与文化:英汉语言文化对比［M］.北京:外语教学与研究出版社,1989.

［6］段连成.对外传播学初探(增订版)［M］.北京:五洲传播出版社,2004.

［7］高惠群,乌传.翻译家严复传论［M］.上海:上海外语教育出版社,1992.

［8］顾嘉祖等.跨文化交际——外国语言文学中的隐蔽文化［M］.南京:南京师范大学出版社,2000.

［9］郭锦桴.汉语地名与多彩文化［M］.上海:上海辞书出版社,2003.

［10］何国平.中国对外报道思想研究［M］.北京:中国传媒大学出版社,2009.

［11］衡孝军.对外宣传翻译理论与实践:北京市外宣用语现状调查与规范［M］.北京:世界知识出版社,2011.

［12］贾岩,张艳臣,史蕊.跨文化翻译教学中本土化身份重构策略研究［M］.北京:清华大学出版社,2014.

［13］金圣华.桥畔译谈——翻译散论八十篇［M］.北京:中国

对外翻译出版公司,1997.

[14]李成洪.英语教学与跨文化传播[M].沈阳:东北大学出版社,2013.

[15]刘建明.宣传舆论学大辞典[M].北京:经济日报出版社,1992.

[16]刘雅峰.译者的适应与选择:外宣翻译过程研究[M].北京:人民出版社,2010.

[17]卢红梅.华夏文化与汉英翻译[M].武汉:武汉大学出版社,2006.

[18]卢小军.国家形象与外宣翻译策略研究:英、汉[M].北京:外语教学与研究出版社,2015.

[19]毛峰.传播学概论[M].长沙:中南大学出版社,2006.

[20]莫爱屏.语用与翻译[M].北京:高等教育出版社,2006.

[21]琼·平卡姆.中式英语之鉴[M].北京:外语教学与研究出版社,2003.

[22]任金州.电视外宣策略与案例分析[M].北京:中国广播电视出版社,2003.

[23]王洪涛.翻译学的学科建构与文化转向[M].上海:上海译文出版社,2008.

[24]王纪平,王朋进,潘忠勇.如何赢得媒体宣传公共组织宣传操作指南[M].广州:南方日报出版社,2006.

[25]王向远.翻译文学导论[M].北京:北京师范大学出版社,2004.

[26]武锐.翻译理论探索[M].南京:东南大学出版社,2010.

[27]许钧.当代法国翻译理论[M].武汉:湖北教育出版社,2004.

[28]许钧.翻译论[M].武汉:湖北教育出版社,2003.

[29]严明.跨文化交际理论研究[M].哈尔滨:黑龙江大学出版社,2009.

[30]殷莉,韩晓玲.英汉习语与民俗文化[M].北京:北京大

学出版社,2007.

[31]曾文雄.语用学翻译研究[M].武汉:武汉大学出版社,2007.

[32]翟树耀.对外宣传报道与英语写作[M].厦门:厦门大学出版社,2001.

[33]张健.外宣翻译导论[M].北京:国防工业出版社,2013.

[34]张全.全球化语境下的跨文化翻译研究[M].昆明:云南大学出版社,2010.

[35]张振华.求是与求不——广播电视散论[M].北京:中国国际广播出版社,2007.

[36]中国大百科全书出版社编辑部.中国大百科全书·新闻出版[K].北京:中国大百科全书出版社,1990.

[37]仇贤根.外宣翻译研究——从中国国家形象塑造与传播角度谈起[D].上海:上海外国语大学,2010.

[38]董悦.武汉市主要旅游景点翻译现状调查报告[D].武汉:华中师范大学,2012.

[39]何晶.中文旅游景点介绍英译的原则和策略——目的论视角下[D].武汉:华中师范大学,2013.

[40]沈瑜.从读者接受理论看外宣翻译如何"讲好中国故事"——以《敬业》第二章英译为例[D].北京:北京外国语大学,2015.

[41]王守宏.跨文化语用学视角下的外宣翻译策略研究[D].上海:上海外国语大学,2012.

[42]安新奎.跨文化交际冲突与翻译之策略[J].语言与翻译,2004,(1).

[43]柏舟.旅游文化与翻译策略——以杭州西湖的匾额、楹联、诗词的翻译为例[J].现代城市,2009,(3).

[44]曹迎春.外宣翻译误译现象剖析[J].潍坊教育学院学报,2011,(6).

[45]陈建民.文化语言学的理论建设[J].语文建设,1999a,

(2).

[46]陈敏. 谈外宣翻译中的译者主体性[J]. 湖南科技学院学报,2006,(8).

[47]陈顺意. 论敏感术语翻译的政治正确性[J]. 五邑大学学报,2014,(3).

[48]陈张帆. 武汉旅游景点翻译资料的英译错误分析[J]. 华中师范大学研究生学报,2009,(1).

[49]陈争峰,许小花. 新闻传播学视角下外宣翻译者的基本素质[J]. 新闻知识,2012,(4).

[50]丁衡祁. 对外宣传中的英语质量亟待提高[J]. 中国翻译,2002,(4).

[51]段连城. 呼吁:请译界同仁都来关心对外宣传[J]. 中国翻译,1990,(5).

[52]方一凡,汪佳雅,毕鹏,李成宇. 徽菜菜名的英译实践[J]. 海外英语,2015,(9).

[53]封小雅. 论旅游宣传资料诗词典故翻译的主题信息凸显[J]. 广西民族大学学报,2010,(3).

[54]高健. 语言个性与翻译[J]. 外国语,1999,(4).

[55]果笑非. 外宣翻译人才基本素质论析[J]. 边疆经济与文化,2012,(5).

[56]侯素琴. 马丁·路德与现代德语[J]. 上海理工大学学报,2006,(2).

[57]黄友义. 坚持"外宣三贴近"原则,处理好外宣翻译中的难点问题[J]. 中国翻译,2004,(6).

[58]金琦. 关于旅游文本中典故"暗用"的英译[J]. 文学界,2011,(1).

[59]况新华,曾剑平. 语言与文化的关系述要[J]. 南昌航空工业学院学报,1999,(1).

[60]李春. 跨文化语言学视角下外宣翻译策略初探[J]. 长春理工大学学报,2014,(7).

[61]李亚娣,包慧,胡一楠.中西方地名的取定及其文化承载[J].武警学院学报,2012,(7).

[62]林燕.马丁·路德的宗教改革对德意志民族特性的影响[J].山西师范大学学报,2003,(1).

[63]刘丹.跨文化视野下的外宣翻译探究[J].黑龙江教育(理论与实践),2014,(Z1).

[64]刘士祥,朱兵艳.餐饮文化汉英翻译:问题与策略——以海南琼海为例[J].河北旅游职业学院学报,2016,(1).

[65]龙士云.论儒家思想的核心价值与先进文化特性[J].湖北大学学报,2005,(4).

[66]卢小军.外宣翻译"译＋释"策略探析[J].上海翻译,2012,(2).

[67]廖海娟.文化视角下的英汉翻译[J].湖南科技学院学报,2010,(3).

[68]马瑞贤.跨文化视域中的外宣新闻翻译策略研究[J].新闻战线,2015,(1).

[69]马昱娇,陈智尧.试论意识形态对翻译的操控——以中共十七大报告英译稿为例[J].长江师范学院学报,2009,(2).

[70]沈炜艳.从外宣资料英译中的常见错误看译者应具备的素质[J].东华大学学报,2007,(4).

[71]宋剑祥,王艳.经济全球化背景下我国外宣翻译面临的挑战[J].昆明冶金高等专科学校学报,2010,(2).

[72]佟晓梅.旅游资料中的跨文化冲突与翻译策略研究[J].渤海大学学报,2010,(3).

[73]王继慧.当前外宣翻译存在的问题——基于目的论视角[J].郑州航空工业管理学院学报,2010,(2).

[74]王瑞红,王瑞芳.新疆特色饮食词汇的英译问题探析[J].伊犁师范学院学报,2011,(2).

[75]王雪芹.模因论视域下的河南特色饮食文化翻译研究[J].怀化学院学报,2015,(4).

［76］萧俊朗.文化的语境与渊源——文化概念解读之一［J］.国外社会科学,1999,(3).

［77］徐珺,霍跃红.典籍英译:文化翻译观下的异化策略与中国英语［J］.外语与外语教学,2008,(7).

［78］杨国民.旅游网站的外宣翻译应"内外有别"［J］.大众科技,2007,(8).

［79］杨莉.浅议文化差异对外宣翻译的影响［J］.吉林化工学院学报,2014,(6).

［80］杨林,闫丽君.辜鸿铭《论语》归化翻译策略［J］.北京科技大学学报,2014,(2).

［81］杨柳青.山西晋中面食文化深度翻译初探［J］.湖北经济学院学报,2016,(2).

［81］于静敏,张丽梅.试论英汉姓名的文化内涵及其翻译方法［J］.作家,2011,(6).

［82］袁滔.功能翻译理论视域下四川民族地区特色饮食英译解析［J］.凯里学院学报,2014,(4).

［83］袁晓宁.论外宣英译策略的二元共存［J］.中国翻译,2013,(1).

［84］曾文雄.对翻译研究"文化转向"的反思［J］.外语研究,2006,(3).

［85］张继文.《论语》翻译的原则与方法［J］.作家,2009,(7).

［86］张健.汉语新词误译现象剖析［J］.北京第二外国语学院学报,2003,(2).

［87］张江帆.旅游景点翻译质量有待提高［J］.人文社科,2009,(1).

［88］张仁颖.论马丁·路德对德国文化的影响［J］.德国研究,2002,(2).

［89］张焰明.对比翻译法下的翻译技巧讲解——以《落花生》译文对比为例［J］.考试周刊,2009,(41).

［90］张允若.对传播学几个基本概念的辨析［J］.杭州大学学

报,1998,(1).

[91]赵浩生.政治游说、国际公关与中国形象——赵浩生教授清华大学演讲录[J].国际新闻界,2001,(4).

[92]郑立敏.翻译的文化性透视[J].牡丹江大学学报,2014,(10).

[93]钟义,陈达.略论典籍翻译的"矛"与"盾"——以《成都志》翻译为例[J].攀枝花学院学报,2016,(3).

[94]Davus,Linell. *Doing Culture—Cross-Cultural Communication in Action* [M]. Beijing:Foreign Language Teaching and Research Press,2004.

[95]Eugene A. Nida. *Language and Culture-Contexts in Translating*[M]. Shanghai:Shanghai Foreign Language Education Press,2001.

[96]Hawkes. D. *The Story of The Stone* [M]. London:Penguin Books,1977.

[97]Hudson,R. A. *Sociolinguistics*[M]. Oxford, U. K:the Alden Press,1980.

[98]James, C. *Errors in Language Learning and Use:Exploring Error Analysis*[M]. Beijing:Foreign Language Teaching and Research Press,2001.

[99]Muhlhausler,P. *Language of Environment, Environment of Language:A Course in Ecolinguistics*[M]. London & New York:Paul & Co Pub Consortium,2003.

[100]Newmark, Peter. *A Textbook of Translation*[M]. Shanghai:Shanghai Foreign Language Education Press,2001.

[101]Samovar, L. & Porter, R. *Communication between Cultures*[M]. Belmont, CA:Wadsworth Publishing Company, 1995.

[102]Snell-Hoenby,Mary. "Linguistic Transcoding or Cultural Transfer? A Critique of Translation Theory in Germany"in Susan Bassnett[A]. *Translation, History and Culture*[C]. An-

dre Lefevere. London and New York: Pinter Publishers, 1990.

[103] Tylor, Edward Burnett. *Primitive Culture* [M]. Beijing: the Chinese Press, 1990.

[104] Wardhaugh, Ronald. *An Introduction to Sociolinguistics* [M]. Beijing: Foreign Language Teaching & Research Press, 2000.